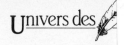

Sous la direction

DATE DUE

RENÉ

avec une chronologie biographique de Chateaubriand,
une introduction, une bibliographie, divers documents,
des notes, des questions et des sujets de devoirs

par

Claude MARTIN

Agrégé des Lettres
Docteur ès Lettres de l'Université de Paris,
Professeur à l'Université de Lyon.

© Bordas, Paris 1970 - 1re édition
© Bordas, Paris 1984 pour la présente édition
I.S.B.N. 2-04-016014-0; I.S.S.N. 0249-7220

718 23 septembre. Au manoir des Touches, près de Guitté (Ille-et-Vilaine), naissance de René-Auguste de Chateaubriand [1]. La noblesse de la lignée remonte au XIᵉ siècle, lorsqu'un fils de chef local, Brien ou *Briand*, établit un *château* fort en Anjou — où existe encore le bourg de Châteaubriant —, dont les seigneurs devinrent puissants, firent guerres et croisades; au XVIᵉ siècle, la famille s'appauvrit, mais ne s'avilit point. A quinze ans, René-Auguste, cadet et orphelin de père, quitte le domaine familial qui ne peut le nourrir pour devenir marin; après avoir été simple pêcheur à Terre-Neuve, puis fait prisonnier par les Anglais alors qu'il servait sur des vaisseaux armés en course, il dirigera bientôt, pour le compte d'armateurs de Saint-Malo et de Nantes, des expéditions de pêche à la morue, ainsi que de commerce du «bois d'ébène» (traite des nègres), entre l'Afrique et Saint-Malo; enfin (en 1757) il ne prendra plus la mer et armera des navires pour son propre compte (pêche, commerce et traite).

726 7 avril. A la Bouëtardais-en-Bourseul (près de Plancoët), naissance d'Apolline-Jeanne-Suzanne de Bedée, de famille noble mais non pas riche; sa mère «avait été élevée à Saint-Cyr dans les dernières années de madame de Maintenon» (*Mém. d'outre-tombe*, I, i). Apolline sera «avec de grands traits, noire, petite et laide» (*ibid.*), mais très pieuse, de manières élégantes et d'une humeur naturellement vive et gaie que «la rigidité et le calme» de son mari rendront mélancolique.

753 2 juillet. A son retour d'Amérique, René-Auguste de Chateaubriand, «chevalier et navigateur», épouse Apolline de Bedée à La Bouëtardais, où le jeune ménage s'installe pour trois ans et où naît — et meurt en bas âge — le premier enfant, une fille (1754); le second, un garçon, meurt également au berceau (1758); les cinq enfants suivants vivront (Jean-Baptiste, né en 1759, guillotiné en 1794; Marie-Anne, née en 1760, future Mᵐᵉ de Marigny; Bénigne, née en 1761, qui sera Mᵐᵉ de Québriac, puis en secondes noces la vicomtesse de Châteaubourg; Julie, née en 1763, future Mᵐᵉ de Farcy; Lucile, née en 1764, future Mᵐᵉ de Caud), deux autres (deux garçons, nés en 1766 et 1767) mourront à moins de un an.

761 3 mai. Établi depuis quatre ans à Saint-Malo et enrichi par ses commerces maritimes, René-Auguste achète au duc de Duras, pour 340 000 livres, le domaine de Combourg, fief avec dignité

---

1. Sur le père de l'écrivain, voir le beau livre de Georges Collas : *René-Auguste de Chateau-riand, comte de Combourg* (Paris, Nizet, 1949).

de comte, juridiction seigneuriale entière sur dix-huit paroisses, droits féodaux traditionnels; devenu comte, M. de Chateaubriand peut désormais siéger aux États de Bretagne. C'est « la revanche d'un vieux nom » (V.-L. Tapié), et peu importe que la terre soit pauvre et mal exploitée. « Avare dans l'espoir de rendre à sa famille son premier éclat, hautain aux États de Bretagne avec les gentilshommes, dur avec ses vassaux à Combourg, taciturne, despotique et menaçant dans son intérieur » (*M. O.-T.*, chap. cité), le comte tentera de remettre en valeur son nouveau domaine, où il ne s'installera définitivement qu'en 1777; jusque-là, les Chateaubriand habitent Saint-Malo et ne vont à Combourg qu'en fin d'été.

1768 4 septembre (et non 4 octobre, comme l'écrivain le crut long-temps) [1]. Naissance, à Saint-Malo, rue des Juifs (maintenant 3, rue Chateaubriand), du dixième et dernier enfant des Chateau-briand, FRANÇOIS-RENÉ (et non François-Auguste, comme il le crut longtemps), baptisé le lendemain. « J'étais presque mort quand je vins au jour. Le mugissement des vagues, soulevées par une bourrasque annonçant l'équinoxe d'automne, empêchait d'entendre mes cris » (*M. O.-T.*, I, II).
François-René est immédiatement confié à sa grand-mère mater-nelle, Mme de Bedée, qui habite une maison fort simple, mais confortable, à Plancoët (à environ 25 km de Saint-Malo) : « Si j'ai vu le bonheur, c'était certainement dans cette maison » (*M. O.-T.*, I, IV). Sa nourrice le voue à Notre-Dame de Nazareth et, jusqu'à sept ans, il ne sera vêtu que de bleu et de blanc.

1771 François-René est ramené chez ses parents à Saint-Malo; son frère est alors au collège de Saint-Brieuc; le jeune « chevalier » vit avec ses quatre sœurs et s'attache d'abord à la servante qui prend soin de lui, la Villeneuve. On le conduit « tous les matins avec [Lucile] chez les sœurs Couppart, deux vieilles bossues habillées de noir qui montraient à lire aux enfants. Lucile lisait fort mal; je lisais encore plus mal. [...] Je commençais à passer pour un vaurien, un révolté, un paresseux, un âne enfin » (*M. O.-T.*, I, III).

1775 8 septembre. A Plancoët, le jour du pèlerinage de Notre-Dame de Nazareth, François-René est relevé du vœu de sa nourrice. A Saint-Malo, souvent sur la grève, il polissonne avec les enfants de son âge, et notamment son jeune voisin Gesril.

1776 Dans la nuit du 16 au 17 février, l'hôtel des Chateaubriand, place Saint-Vincent, brûle.

---

1. C'est-à-dire non point « vingt jours après », comme l'écrira l'auteur des *Mémoires d'outre-tombe* (I, II), mais *un an moins vingt jours* avant la naissance « dans une autre île, à l'autre extrémité de la France », de Napoléon Bonaparte (le 15 août 1769).

1777   Après les fêtes données à Saint-Malo en l'honneur du comte
        d'Artois (11-13 mai), les Chateaubriand vont s'installer définiti-
        vement à Combourg, que François-René voit pour la première
        fois, avant d'être mis pensionnaire au collège de Dol, où il restera
        jusqu'en juin 1781. Il passe à Combourg tous ses étés.

1781   12 avril (Jeudi Saint). Première communion, à Dol; après un
        dernier trimestre au collège, puis l'été passé à Combourg, François-
        René entre en octobre au collège des jésuites de Rennes — qu'il
        quittera en décembre 1782.

1782   23 avril. Dans la chapelle du château de Combourg, François-
        René assiste au mariage de sa sœur Julie avec « haut et puissant
        messire » Annibal, comte de Farcy.

1783   En janvier, frais émoulu du collège de Rennes, il est envoyé
        à Brest pour préparer l'examen de garde de marine; mais il n'y
        trouve pas son brevet d'aspirant et reste donc « ce qu'on appelait
        "soupirant" et, comme tel, exempt d'études régulières »; il prend
        pension « dans la rue de Siam, à une table d'hôte d'aspirants »,
        mais s'y renferme dans son « instinct solitaire » (*M. O.-T.*, II, viii).
        Enfin, en juin, il renonce à ce métier et rentre brusquement à Combourg.
        Le désir le prenant d'embrasser l'état ecclésiastique, il part en
        octobre pour le collège de Dinan, où il commence à étudier
        l'hébreu.

1784   François-René séjourne toute cette année à Combourg, dans
        l'intimité exaltée de sa sœur Lucile; c'est le temps où il sent le
        « premier souffle de la Muse », où il crée et poursuit son « fantôme
        d'amour », la Sylphide, est en proie au « délire » et échoue dans
        sa tentative de suicide avec un vieux fusil de chasse (*M. O.-T.*,
        livre III).

1785   Il renonce décidément à entrer dans les ordres, songe à voyager —
        au Canada, aux Indes... Il reste à Saint-Malo de février à juillet,
        cherchant un engagement, mais plusieurs projets échouent.

1786   9 août. François-René, décidé à servir comme cadet au régiment
        de Navarre, part pour Rennes et, passant par Paris, rejoint à
        Cambrai. Son père meurt le 6 septembre : il obtient un congé
        d'un an, revient en Bretagne, puis à Paris, et à Versailles où il est
        présenté au Roi (il suivra la chasse royale pour la première fois
        le 19 février 1787). Le château de Combourg échoit au fils aîné,
        Jean-Baptiste; François-René n'hérite que de 17 000 livres.

1787   De mars à septembre, il séjourne à Fougères (Ille-et-Vilaine),
        chez ses sœurs Marie-Anne de Marigny et Julie de Farcy, puis
        reprend du service comme sous-lieutenant à Dieppe — mais il
        n'y reste que quelques semaines et obtient en octobre un congé
        de six mois, qu'il va passer tantôt en Bretagne, tantôt à Paris.
        En novembre, son frère épouse la petite-fille de Malesherbes,
        Aline de Rosanbo.

1788   17 mars. François-René est mis en non-activité avec demi-solde
        — mais sera réintégré comme cadet gentilhomme au régiment
        de Navarre le 10 septembre. Le 16 décembre, il reçoit à Saint-Malo
        des mains de Mgr Courtois de Pressigny, la tonsure des chevaliers
        de Malte, qui l'habilitera à recevoir un bénéfice ecclésiastique. Le
        29, il est à Rennes pour l'ouverture des États de Bretagne, et
        assiste aux premiers troubles sanglants, en janvier 1789.

1789   Avec ses sœurs Julie et Lucile, il arrive à Paris deux ou trois
        jours après que Louis XVI, le 27 juin, a ordonné la fusion des
        trois Ordres à l'Assemblée Nationale; ils s'installent dans un
        hôtel garni, rue de Richelieu. François-René sera témoin des
        principaux événements, verra passer au bout des piques les têtes
        de Foulon et de Berthier : « Ces têtes, et d'autres que je rencontrai
        bientôt après, changèrent mes dispositions politiques; j'eus
        horreur des festins de cannibales et l'idée de quitter la France
        pour quelque pays lointain germa dans mon esprit » (*M. O.-T.*
        V, ix). Tout aristocrate qu'il est, et fier de son nom, il est voltai-
        rien, et a abordé la Révolution l'esprit et le cœur séduits par le
        mouvement.
        11 septembre. Il est définitivement reçu dans l'Ordre de Malte.

1790   Dans le Paris révolutionnaire, François-René mène une brillante
        vie mondaine et fait des dettes; pour rembourser l'une d'elles, il
        se fait courtier en bas... Il écrit des vers, publie une idylle, *l'Amour
        de la campagne*, dans l'*Almanach des Muses;* projette un grand
        livre où, imbu des idées de Rousseau, il traiterait de l'homme
        en son état de nature... Il fréquente le salon, de caractère en partie
        littéraire, de sa sœur Mme de Farcy; se lie d'amitié avec le vieux
        Malesherbes, qui l'encourage dans son désir de s'embarquer pour
        le Nouveau Monde afin de découvrir, au nord du continent, un
        passage possible entre Atlantique et Pacifique : le projet paraît
        prendre corps dès le printemps, mais Chateaubriand cherche en
        vain à obtenir des subsides officiels.

1791   Il quitte Paris en janvier, va faire une « dernière visite » à
        Combourg; à Fougères, le marquis de La Rouërie, le « Colonel
        Armand » qui a glorieusement participé à la guerre d'Indépendance
        américaine, lui remet une lettre de recommandation pour George
        Washington (22 mars). Au soir du 8 avril, il s'embarque à Saint-
        Malo sur le *Saint-Pierre*.
        10 juillet. Il débarque à Baltimore, part pour Philadelphie (où
        il reste une semaine, mais sans pouvoir rencontrer Washington),
        gagne New York (d'où il fait un voyage à Boston), remonte
        l'Hudson jusqu'à Albany, d'où il pousse jusqu'aux chutes du
        Niagara; revient enfin à Philadelphie, qu'il quitte le 28 novembre
        sur le *Molly*, vaisseau américain en partance pour le Havre. S'il
        n'a pas fait en Amérique la moitié du voyage qu'il racontera plus
        tard (*Voyage en Amérique; M. O.-T.*), il a en tout cas découvert

un monde vraiment nouveau et enrichi sa sensibilité d'un trésor d'impressions authentiques, étayées et complétées par les vastes lectures qu'il fait, avant et après son propre périple, des récits de voyageurs...

1792 2 janvier. Chateaubriand est au Havre, attendant que sa mère puisse payer le prix de sa traversée... Rentrant après neuf mois d'absence, il trouve la France en misérable état; il décide d'émigrer; mais la famille n'a pas l'argent nécessaire pour lui permettre de rejoindre l'armée des Princes — les droits féodaux sont supprimés, les bénéfices qu'il escomptait comme chevalier de Malte sont « tombés avec les autres biens du clergé aux mains de la nation. Ce concours de circonstances décida de l'acte le plus grave de ma vie : on me maria » (*M. O.-T.*, IX, I). Les sœurs de François-René lui font épouser le 21 février, à Saint-Malo, une amie intime de Lucile, CÉLESTE BUISSON DE LA VIGNE (née à Lorient le 6 février 1774, elle a donc dix-huit ans, et lui vingt-quatre) : « Elle était blanche, délicate, mince et fort jolie; elle laissait pendre, comme un enfant, de beaux cheveux blonds naturellement bouclés. On estimait sa fortune de cinq à six cent mille francs. [...] L'affaire fut conduite à mon insu. A peine avais-je aperçu trois ou quatre fois mademoiselle de Lavigne; je la reconnaissais de loin sur le Sillon à sa pelisse rose, sa robe blanche et sa chevelure blonde enflée du vent, lorsque sur la grève je me livrais aux caresses de ma vieille maîtresse, la mer. Je ne me sentais aucune qualité du mari » *(ibid.)*. Le mariage, auquel assistent la mère de Chateaubriand et ses sœurs Julie et Lucile, est béni en secret par un prêtre réfractaire; sur les protestations de la famille de La Vigne, qui fait enlever Céleste à son mari accusé de rapt et de violation de la loi, la cérémonie est « répétée » le 19 mars, cette fois devant le curé assermenté (et « largement payé »), mais en l'absence de tout membre de la famille de François-René. Ce mariage ne sera guère heureux, en dépit des hautes qualités que Chateaubriand se plaira à reconnaître à son épouse dans les *Mémoires d'outre-tombe (ibid.)* : « Pourrais-je comparer quelques impatiences qu'elle m'a données aux soucis que je lui ai causés? [...] Qu'est-ce que mes travaux auprès des œuvres de cette chrétienne? Quand l'un et l'autre nous paraîtrons devant Dieu, c'est moi qui serai condamné. » Le couple n'aura pas d'enfant.

15 juillet. Après un séjour à Fougères, puis à Paris, le couple se sépare (pour douze ans : la vie conjugale ne reprendra qu'en mars 1804) : François-René et son frère partent pour la Belgique, et il rejoint en août, à Trèves, l'armée des Princes où il s'engage dans la 7e compagnie bretonne.

6 septembre. Il est blessé à la cuisse par un éclat d'obus au siège de Thionville; à Verdun, pendant la retraite, il contracte la petite vérole; sa compagnie est licenciée le 16 octobre. Très malade,

il s'embarque à Ostende pour Jersey où a émigré son oncle Antoine de Bedée.

1793   17 mai. Après quatre mois passés à Jersey, Chateaubriand débarque à Southampton, arrive le 21 mai à Londres — où il restera jusqu'en mai 1800. Il traîne tout l'été une vie misérable dans un grenier de Holborn, puis chez l'imprimeur Baylis; en septembre, il reste cinq jours sans manger. Le 2 octobre, il reçoit son premier secours à titre d'émigré : 1 shilling par jour. Il apprend que, les 16 et 17 octobre, sa sœur Julie, puis sa femme et sa sœur Lucile ont été arrêtées et emprisonnées (elles seront libérées le 5 novembre 1794). Le docteur Godwin le soigne gratuitement, mais l'assure qu'il est condamné à brève échéance : « quelques mois, peut-être une ou deux années »; « la certitude acquise ainsi de ma fin prochaine, en augmentant le deuil naturel de mon imagination, me donna un incroyable repos d'esprit » (*M. O.-T.*, X, IV). Encouragé par l'imprimeur Baylis, il conçoit son *Essai sur les révolutions* et commence bientôt à y travailler.

1794   En janvier, François-René est engagé comme professeur de français à la Brightly School de Beccles (Suffolk), et donne également des leçons particulières. Il apprend l'arrestation et l'incarcération de sa mère, le 22 février (libérée le 18 octobre), l'exécution de son frère (guillotiné le 22 avril, en même temps que sa femme et M. de Malesherbes), la vente aux enchères du mobilier de Combourg (11-16 juin)...

1795   La Brightly School transférée à Bungay (à 6 milles de Beccles), François-René y loge chez le pasteur John Ives, jusqu'à la fin de juin 1796; peu avant de quitter les Ives, se conclut d'une façon peut-être moins théâtrale que ne le content les *Mémoires* (X, IX) une charmante idylle avec leur fille Charlotte...

1796   2-4 août. Lucile de Chateaubriand, trente-deux ans, épouse à Rennes le chevalier Jacques de Caud, soixante-neuf ans; elle le quittera le 18 février, il mourra le 16 mars 1797.

1797   18 mars. Publication du 1er tome de l'*Essai sur les révolutions* à Londres (le second volume ne paraîtra pas); l'ouvrage fait quelque bruit dans le milieu émigré, mais passe à peu près inaperçu à Paris. Chateaubriand se lie avec Mme de Belloy, fréquente le salon de la princesse d'Hénin.

1798   Fontanes passe six mois à Londres (janvier-juin), s'y lie de vive amitié avec Chateaubriand, qu'il encourage à écrire ce qui sera le *Génie du christianisme*.
         31 mai. Mort, chez des amies qui l'ont recueillie à Saint-Servan (près de Saint-Malo), de la mère de Chateaubriand; celui-ci prétendra l'avoir apprise par une lettre de sa sœur Julie qui lui serait parvenue alors que cette dernière était morte elle-même : « Ces deux voix sorties du tombeau, cette mort qui servait d'inter-

prête à la mort, m'ont frappé. Je suis devenu chrétien. [...] J'ai pleuré et j'ai cru » (*M. O.-T.*, XI, IV). En fait, Mme de Farcy ne mourra que le 25 juillet 1799. Dans l'automne 1798, il écrit plusieurs livres des *Natchez*.

1799   5 avril. Chateaubriand a achevé une première rédaction du *Génie*, qui n'est encore qu' « un petit manuscrit sur la religion chrétienne par rapport à la morale et à la poésie », ouvrage « très chrétien [...] et [qui] ne saurait guère manquer de ce succès attaché aux ouvrages de circonstance » (Lettre à Baudus); il cherche à le vendre. Le livre grossit, on commence à l'imprimer à Londres en août.

1800   6 mai. Ayant obtenu du ministre de Prusse à Londres un passeport au nom de Jean-David de La Sagne, citoyen de Neuchâtel, François-René débarque à Calais, puis est accueilli à Paris par Fontanes. Il rapporte le *Génie*, « une moitié de l'ouvrage imprimée et l'autre manuscrite ». En octobre, il fait la connaissance de Mme de Beaumont, dont il fréquente le salon.
22 décembre. Chateaubriand publie son premier article dans *le Mercure de France*, une lettre à M. de Fontanes *sur la Perfectibilité*, — en fait, compte rendu violemment critique de *De la Littérature* de Mme de Staël, qu'il signe « l'auteur du *Génie du christianisme* ».

1801   2 avril. Le prétendu vol de quelques feuilles de son manuscrit — en réalité, le désir de gagner immédiatement quelque argent, de s'attirer la bienveillance du Premier Consul et de préparer le « lancement » du *Génie* — contraint Chateaubriand à détacher de son grand ouvrage un épisode qui est publié séparément : *Atala* (signé François-Auguste de Chateaubriand) obtient aussitôt un succès triomphal.
20 mai. Après avoir fait à Paris la connaissance de Mme Récamier, François-René va passer l'été à Savigny-sur-Orge, chez Mme de Beaumont, où il travaille assidûment au *Génie*.
21 juillet. Il obtient du Premier Consul sa radiation de la liste des émigrés.

1802   14 avril. Six jours après la ratification du Concordat par le Corps Législatif, publication, en 5 volumes in-8º, du *Génie du christianisme*. Succès foudroyant : « Ce jour-là », racontera dans ses *Souvenirs* une femme du monde, Mme Hamelin, « dans Paris, pas une femme n'a dormi. On s'arrachait, on se volait un exemplaire. Puis quel réveil, quel babil, quelles palpitations ! Quoi, c'est là le christianisme, disions-nous toutes; mais il est délicieux. »
Mai-juin. Tandis que Lucile s'installe à Paris, François-René fait un bref pèlerinage à Combourg. Toute cette année 1802, il jouit de sa gloire neuve, est reçu et fêté partout, à Paris et en

province où il voyage en octobre-novembre. Il a fait la connaissance de Mme de Duras, et se lie avec Mme de Custine.

1803 En avril, 2e édition du *Génie*, précédée d'une louangeuse « Épître dédicatoire au Premier Consul Bonaparte ». Le 4 mai, Chateaubriand est nommé secrétaire de légation à Rome, auprès du cardinal Fesch, — avec qui il s'entend fort mal. Il arrive le 27 juin à Rome ; le 7 octobre, il rejoint à Florence Mme de Beaumont qui, très malade, meurt à Rome le 4 novembre ; il lui fait à Saint-Louis-des-Français de somptueuses funérailles. C'est peu après (lettre à Joubert de décembre 1803) qu'il conçoit l'idée d'écrire des *Mémoires de ma vie*, premier embryon des *Mémoires d'outre-tombe ;* il commence également à écrire *les Martyrs.*

1804 21 janvier. Chateaubriand quitte Rome, où ses rapports avec son chef le Cardinal étaient de plus en plus orageux ; il a été nommé chargé d'affaires à Sion mais, jugeant le poste indigne de lui, il ne le rejoindra pas et donnera sa démission le 21 mars, jour de l'exécution du duc d'Enghien.

En mars, il reprend la vie commune avec sa femme, et le ménage s'installe en avril rue de Miromesnil... en face de l'hôtel de Delphine de Custine, à qui une nouvelle amie succédera d'ailleurs bientôt dans le cœur de François-René : Nathalie de Noailles.

10 novembre. Mort de Lucile de Caud — qui s'est sans doute suicidée.

2 décembre. Chateaubriand reste chez les Joubert, à Villeneuve, et n'assiste pas au sacre de Napoléon par le Pape à Notre-Dame.

1805 En janvier, les Chateaubriand s'installent place de la Concorde, au dernier étage de l'hôtel de Coislin. En août, François-René rejoint sa femme qui fait une cure à Vichy et, avec elle, voyage en Auvergne puis à Lyon, à Genève, à Coppet (chez Mme de Staël), au Mont-Blanc, à la Grande-Chartreuse (il publiera dans *le Mercure* du 1er février 1806 un bref *Voyage au Mont-Blanc*).

1806 13 juillet. Après un rapide voyage en Bretagne, Chateaubriand part pour l'Orient, avec sa femme qui ne le suivra que jusqu'à Venise. Trieste, Sparte, Athènes, Smyrne, Constantinople (14-18 septembre) ; Jaffa, Jérusalem (4-12 octobre) ; Jaffa, Alexandrie, Le Caire, Tunis (13 janvier-9 mars 1807).

1807 30 mars. Il débarque à Algésiras, puis retrouve à Cordoue Mme de Noailles, avec qui il va visiter l'Alhambra de Grenade. Cinq jours à Madrid, puis rentrée, par Bayonne et Bordeaux, à Paris le 5 juin. A peine arrivé, il trouve mystérieusement les 20 000 francs nécessaires pour racheter *le Mercure de France*, où il publie le 4 juillet un article qui lui vaut, dira-t-il, la disgrâce de l'Empereur ; en août, il lui est ordonné d'abandonner la direction de la revue.

22 août. Chateaubriand achète sa maison de la Vallée-aux-loups. Il continue *les Martyrs*, commence à rédiger son *Itinéraire de Paris à Jérusalem*.

1809 **27** mars. Publication des *Martyrs*.
31 mars. Son cousin Armand de Chateaubriand, arrêté en janvier comme émissaire de la Chouannerie et en faveur de qui il est vainement intervenu auprès de Fouché, puis de l'Empereur lui-même, est exécuté dans la plaine de Grenelle.
Pendant l'été, Chateaubriand commence *les Aventures du dernier Abencérage* et, encouragé par la duchesse de Duras, songe à nouveau aux *Mémoires :* « J'écris principalement pour rendre compte de moi à moi-même... Je veux, avant de mourir, remonter vers mes belles années, expliquer mon inexplicable cœur [...]. Je suis résolu à dire toute la vérité. » Mais il ne pousse pas loin la rédaction.

1811 **20** février. Grâce aux pressions de Napoléon, Chateaubriand est élu à l'Académie française, succédant à Marie-Joseph Chénier ; il obtient au second tour **13** voix sur **25** votants. Il ne prononcera pas son discours de réception, refusant d'y apporter les corrections demandées par l'Empereur.
25 février. Publication de l'*Itinéraire de Paris à Jérusalem*, qui recueille un très grand succès.
4 octobre : c'est la date qu'il inscrit à la première page des *Mémoires d'outre-tombe*, dont la rédaction se poursuivra plus ou moins régulièrement jusqu'en **1841**. Il a d'impérieux besoins d'argent et accumule les dettes ; il fait des recherches pour écrire une *Histoire de France*, compose *Moïse*, tragédie en cinq actes et en vers, avec des chœurs, qui ne sera publiée qu'en **1831** et jouée le **2** octobre **1834** — avec un franc insuccès.

1814 **4** avril. Publication de la brochure écrite en octobre **1813** : *De Buonaparte et des Bourbons;* Chateaubriand est, depuis quelques mois, passé à une opposition de plus en plus violente au régime impérial. Napoléon abdique le **6** avril. Le **12**, Chateaubriand est de ceux qui accueillent le comte d'Artois à son arrivée à Paris.
8 juillet. Chateaubriand — qui, malgré ses espoirs, n'a pas fait partie de la commission chargée de rédiger la Charte et n'a pas été créé pair de France — est nommé ministre en Suède (il ne rejoindra pas son poste), puis colonel de cavalerie et décoré de la croix de Saint Louis. Il multiplie les articles et brochures qui accréditent la légende de son opposition à l'Empire « depuis douze ans »...

1815 **20** mars. Tandis que Napoléon, retour de l'île d'Elbe, couche aux Tuileries, Louis XVIII fuit à Gand, où Chateaubriand et sa femme l'accompagnent. Le Roi le nomme ministre de l'Intérieur par intérim.
9 juillet. Chateaubriand est nommé ministre d'État sans portefeuille dans le cabinet Talleyrand-Fouché. Le **17** août, il est pair de France. Il fait ses débuts à la tribune de la Chambre des pairs le **19** décembre, avec un discours sur l'inamovibilité des juges.

11

1816   16 septembre. Publication de *la Monarchie selon la Charte*, qui critique violemment Louis XVIII pour avoir dissous la « Chambre introuvable »; la brochure est saisie; le 20, Chateaubriand est révoqué de ses fonctions de ministre d'État (et privé de sa pension de 24 000 francs).

1817   4 avril. Chateaubriand, accablé de dettes (et qui tombera gravement malade en juillet), met en loterie la Vallée-aux-loups (90 billets de 1 000 francs). Le 28, il vend aux enchères sa bibliothèque. François-René et sa femme passent l'été dans des châteaux amis : à Montboissier (où, le 4 juillet, il entend chanter la grive [*M. O.-T.*, III, I]), à Montgraham, Vorré, Lonné... En septembre, il apprend que Nathalie de Noailles est devenue folle; mais, le 28 mai, Juliette Récamier et lui ont découvert qu'ils s'aimaient et, au cours de cette année terrible, il trouve auprès d'elle ses rares moments heureux; leur amitié durera jusqu'à la mort (Mme Récamier survivra moins d'un an à Chateaubriand).

1818   21 juillet. La loterie ayant échoué, la Vallée-aux-loups est vendue aux enchères — achetée par Matthieu de Montmorency pour un prix équivalant exactement à l'hypothèque qui grève la propriété (50 100 francs) : Chateaubriand ne touche rien.
8 octobre. Il lance *le Conservateur*, organe des Ultras, financé par le comte d'Artois; Villèle, Corbière, Bonald, Lamennais y collaborent.

1819   8 octobre. Mme de Chateaubriand fonde l'Infirmerie Marie-Thérèse, rue d'Enfer, destinée à accueillir des prêtres âgés et des dames nobles ruinées; Chateaubriand s'en rendra propriétaire le 16 février suivant, pour le prix de 55 000 francs.

1820   13 février. Le duc de Berry est assassiné; Chateaubriand publie les *Mémoires touchant la vie et la mort du duc de Berry*.
30 mars. *Le Conservateur*, refusant de se soumettre à la censure nouvellement instaurée, cesse de paraître. Mais Chateaubriand évolue, se rapproche de Louis XVIII, et s'attend à entrer dans le gouvernement...
30 novembre. Il n'est nommé que ministre à Berlin, tandis que Villèle et Corbière deviennent peu après ministres d'État.

1821   11 janvier. Chateaubriand arrive à Berlin, où il reste jusqu'au 19 avril.
30 avril. Louis XVIII lui rend son titre et sa pension de ministre d'État, le nomme membre du Conseil privé et chevalier de la Légion d'honneur. Pourtant, le 30 juillet, Villèle et Corbière s'étant retirés du gouvernement, il donne sa démission. Mais, lorsque se constitue le ministère Villèle-Montmorency, le 14 décembre, il n'en fait pas partie.

1822   9 janvier. Grâce à Mme de Duras et à Mme Récamier, Chateaubriand est nommé ambassadeur à Londres, où il va s'installer le

5 avril, et mène durant cinq mois une vie mondaine et amoureuse brillante.

5 octobre. Chateaubriand, qui est rentré à Paris le 12 septembre, part pour représenter la France au Congrès de Vérone, où il soutient la thèse de l'intervention militaire en Espagne — non seulement pour affermir le trône de Ferdinand VII, mais pour sceller l'alliance de la France avec le tsar Alexandre et surtout pour redonner du lustre à la monarchie qu'écrase le souvenir de la gloire napoléonienne, pour « réhabiliter la cocarde blanche ».

28 décembre. Chateaubriand, qui a quitté Vérone le 13, est nommé ministre des Affaires étrangères.

1823 25 février. Grand discours de Chateaubriand à la Chambre. Le 1er mars, l'expédition militaire est décidée. Le 31 août, Cadix tombe (prise du fort du Trocadéro), Ferdinand VII est libéré... La « guerre » a été brève (il n'y a eu qu'une centaine de victimes), la victoire facile — et bruyamment exploitée. « Ma guerre d'Espagne, le grand événement politique de ma vie, était une gigantesque entreprise. La légitimité allait pour la première fois brûler de la poudre sous le drapeau blanc, tirer son premier coup de canon après ces coups de canon de l'empire qu'entendra la dernière postérité. Enjamber d'un pas les Espagnes, réussir sur le même sol où naguère les armées de l'homme fantastique avaient eu des revers, faire en six mois ce qu'il n'avait pu faire en sept ans, qui aurait pu prétendre à ce prodige? C'est pourtant ce que j'ai fait » (*M. O.-T.*, XXVIII, 1). Cette année-là, François-René a une liaison passionnée avec la jeune Cordélia de Castellane (vingt-sept ans).

23 décembre. Chateaubriand est autorisé par ordonnance à transmettre à son neveu Louis son titre de pair héréditaire. Le 8 janvier 1824, il est fait chevalier des ordres du Roi.

1824 6 juin. Chateaubriand, qui a refusé de soutenir devant la Chambre des pairs un projet de loi sur la conversion des rentes, est chassé du ministère, « comme un laquais »; il semble qu'il ait longuement manœuvré pour remplacer Villèle à la tête du gouvernement. Il entre aussitôt dans l'opposition. Il prend la défense des insurgés grecs dans leur lutte pour l'indépendance.

16 septembre. Mort de Louis XVIII. Le lendemain, Chateaubriand, qui pense que le changement de souverain lui sera favorable, publie une brochure, *le Roi est mort : vive le Roi!* Il assistera au sacre de Charles X à Reims, le 29 mai 1825.

1826 30 mars. Chateaubriand signe avec Ladvocat le contrat de publication de ses *Œuvres complètes* (27 volumes prévus, il y en aura 31); il doit toucher 550 000 francs, ce qui lui permettra de payer le petit pavillon qu'il a acheté en 1824 à côté de l'Infirmerie Marie-Thérèse (de nos jours, avenue Denfert-Rochereau) et où le ménage habitera jusqu'en **1838**. Le premier volume (t. XVI) paraît le 15 juin : *Les Aventures du dernier Abencérage* (inédit).

1827 30 juin. Chateaubriand publie une brochure violente contre *le Rétablissement de la censure*. Le ministère Villèle tombe le 3 décembre, mais Chateaubriand ne fait pas partie du nouveau cabinet présidé par Martignac.

1828 3 juin. Il est nommé ambassadeur à Rome, où il s'installe luxueusement le 9 octobre, au palais Simonetti.
26 novembre. Ladvocat, ruiné, vend sa propriété des *Œuvres complètes* de Chateaubriand à ses confrères Pourrat et Delandine pour **10 000** francs.

1829 3 février. Tandis qu'il écrit ses *Mémoires* et continue à travailler à l'*Histoire de France*, Chateaubriand fait entreprendre des fouilles à Torre Vergata, à la sortie nord de Rome — sans grand résultat, mais il s'ennuie...
10 mars. Après la mort de Léon X, Chateaubriand, désigné comme plénipotentiaire auprès du Conclave, prononce un discours devant le Sacré-Collège. Le 31 mars, au soir de l'élection de Pie VIII, il écrit à Mme Récamier : « Victoire ! j'ai un des papes que j'avais mis sur ma liste » (*M. O.-T.*, XXXI, v).
18 avril. Il reçoit Hortense Allart (vingt-huit ans), que lui envoie de Paris Mme Hamelin : commencement de leur liaison. En congé en France, il la revoit à Étampes en juillet, peu avant de rencontrer à Cauterets « l'Occitanienne », Léontine de Villeneuve, vingt-six ans...
28 août. Chateaubriand remet sa démission à Polignac, nouveau premier ministre.

1830 7 août. Il fait son dernier discours à la Chambre des pairs et annonce qu'il met fin à sa carrière politique : « Inutile Cassandre, j'ai assez fatigué le trône et la patrie de mes avertissements dédaignés ; il ne me reste qu'à m'asseoir sur les débris d'un naufrage que j'ai tant de fois prédit. Je reconnais au malheur toutes les sortes de puissance, excepté celle de me délier de mes serments de fidélité » (*M. O.-T.*, XXXIV, vii). Le 10, il renonce à sa pension de pair, « ne pouvant prêter serment de fidélité à Louis-Philippe d'Orléans comme roi des Français » (*ibid.*).

1831 20 avril. Publication des derniers tomes des *Œuvres complètes* : les *Études historiques*.
15 mai. Accablés, à bout de ressources, les Chateaubriand quittent Paris avec l'intention de s'installer en Suisse, au bord du lac de Genève ; mais ils rentrent le 13 octobre à Paris.

1832 Chateaubriand participe plus ou moins aux activités des légitimistes, au complot de la duchesse de Berry — à qui il conseille toutefois prudence et sagesse. Il est arrêté le 16 juin, puis libéré le 30.

8 août. Il gagne la Suisse, y retrouve Mme Récamier à Constance; est reçu à Arenenberg chez la reine Hortense et son fils le prince Louis-Napoléon. Le 16 septembre, Chateaubriand et sa femme s'installent à Genève — mais, à la nouvelle de l'arrestation de la duchesse de Berry (7 novembre), il rentre immédiatement à Paris, où il publie avec grand succès un *Mémoire sur la captivité de Madame la duchesse de Berry* (29 décembre) : « mon indépendance politique m'a acquis le droit de vous dire : *Madame, votre fils est mon roi* ! »

1833 27 février. Au procès en Cour d'assises qui lui a été intenté pour son *Mémoire* de décembre, Chateaubriand est acquitté et acclamé par la foule.
24 mai. Il arrive à Prague, pour voir Charles X, et chargé par la duchesse de Berry d'annoncer à sa famille qu'elle s'est mariée en secret et a eu une fille; le roi exilé le reçoit à plusieurs reprises. Il rentre à Paris le 5 juin.
3 septembre. Chateaubriand part pour Venise où la duchesse de Berry l'a invité à la rejoindre. Il retourne seul à Prague, puis à Bustchirad où il revoit Charles X et le jeune Henri V.
1er décembre. Il rédige la « Préface testamentaire » des *Mémoires d'outre-tombe* (que la *Revue des Deux Mondes* publiera le 15 mars 1834).

1834 En janvier, Chateaubriand, candidat légitimiste, est battu par le candidat officiel aux élections législatives partielles de Quimperlé.
En février-mars, pendant trois semaines, il fait chez Mme Récamier, à l'Abbaye-aux-Bois, lecture des douze premiers livres des *Mémoires d'outre-tombe* et des six livres relatant ses récents voyages à Prague.

1836 22 mars. Chateaubriand traite avec le libraire Delloye la vente et la publication (posthume) de ses *Mémoires;* il reçoit comptant 160 000 francs et touchera une rente viagère annuelle de 12 000 francs. Le 21 avril, il dépose chez un notaire le manuscrit des *Mémoires* (qu'il remplacera en 1847 par celui du texte définitif).
25 juin. Publication de l'*Essai sur la littérature anglaise* (2 vol.) et de sa traduction du *Paradis perdu* de Milton.

1837 12 juin. Chateaubriand rédige son testament, qui fait de sa femme sa légataire universelle.

1838 28 avril. Publication du *Congrès de Vérone* (2 vol.), qui n'obtient qu'un maigre succès.
En juillet, il vend (à l'archevêque de Paris) la maison de la rue d'Enfer. Au retour d'un voyage d'un mois dans le midi, il s'installe au rez-de-chaussée de l'hôtel de Clermont-Tonnerre, rue du Bac, où il mourra.

1840 19 juillet. « Les *Mémoires* sont finis », écrit-il à Mme Récamier. En fait, il n'achèvera la *Conclusion générale* que le 16 novembre 1841.

1843 En mars, Chateaubriand accepte que le comte de Chambord (Henri V) lui rétablisse sa pension de pair.
7-8 août. Il fait un bref séjour, accompagné de son secrétaire Hyacinthe Pilorge qu'il congédiera peu après, à la Trappe de Soligny, pour y préparer la *Vie de Rancé* qu'il écrit sur l'exigence de son directeur, l'abbé Seguin.
24 novembre-6 décembre. Voyage à Londres, où l'a invité le comte de Chambord.

1844 18 mai. Publication de la *Vie de Rancé*.
27 août. La société constituée par Delloye pour l'achat et la publication des *Mémoires d'outre-tombe* vend à Émile de Girardin, pour 80 000 francs, le droit de publier l'ouvrage en feuilletons dans *la Presse*. Chateaubriand, furieux, proteste vainement, mais ne peut qu'écrire une nouvelle préface, véhémente...

1845 Il revoit minutieusement le texte de ses *Mémoires*, qu'il lit en octobre à l'Abbaye-aux-Bois.

1846 16 août. Au Champ-de-Mars, Chateaubriand se casse la clavicule en descendant de voiture; sa santé va constamment décliner.

1847 8 février. Mort de Mme de Chateaubriand. Le 17 mars, Chateaubriand refait son testament, où le nom de Mme Récamier n'apparaît plus; il semble qu'il lui ait offert de l'épouser, et qu'elle ait refusé (elle mourra le 11 mai 1849).

1848 4 juillet. Paralysé, François-René de Chateaubriand meurt d'une fluxion de poitrine, à huit heures, dans son appartement de la rue du Bac; autour de lui, son neveu Louis, Mme Récamier. La veille, il a dicté cette phrase à son neveu : « Je déclare devant Dieu rétracter tout ce qu'il peut y avoir dans mes écrits de contraire à la foi, aux mœurs et généralement aux principes conservateurs du bien. »
8 juillet. Une centaine de personnes assistent au service funèbre en l'église des Missions étrangères.
19 juillet. Obsèques à Saint-Malo. La dépouille mortelle de Chateaubriand est inhumée, comme il l'avait lui-même arrangé dès octobre 1831, sur le rocher du Grand-Bé, un îlot situé dans la rade de Saint-Malo.
21 octobre. Dans *la Presse*, premier feuilleton des *Mémoires d'outre-tombe*; la publication se poursuivra, irrégulièrement, jusqu'au 5 juillet 1850.

LES ŒUVRES DE CHATEAUBRIAND

Voici, dans l'ordre chronologique de leur publication, la liste des œuvres principales de Chateaubriand — à l'exclusion des innombrables articles, brochures et discours qui ont été ou non recueillis par l'auteur lui-même dans ses *Œuvres complètes*. Nous indiquons, lorsqu'il en existe, les principales éditions modernes, en général pourvues d'un appareil critique, des œuvres les plus importantes.

1797   *Essai historique, politique et moral, sur les révolutions anciennes et modernes, considérées dans leurs rapports avec la Révolution française.*

1801   *Atala, ou les Amours de deux sauvages dans le désert.* (Éd. Armand Weil [José Corti, Paris 1950] ou Fernand Letessier [Garnier, Paris 1958].)

1802   *Génie du christianisme, ou Beautés poétiques et morales de la religion chrétienne* [comprenant *René*]. (Éd. Pierre Reboul, Flammarion, coll. « GF », 2 vol., Paris 1966).

1809   *Les Martyrs, ou le Triomphe de la religion chrétienne.*

1811   *Itinéraire de Paris à Jérusalem et de Jérusalem à Paris, en allant par la Grèce et en revenant par l'Égypte, la Barbarie et l'Espagne.* (Éd. E. Malakis [Baltimore, Paris et Londres 1946, 2 vol.], G. Faugeron [Julliard, coll. « Littérature », Paris 1964] ou P. Clarac et F. Letessier [Hachette, Paris].)

1814   *De Buonaparte, des Bourbons, et de la nécessité de se rallier à nos princes légitimes pour le bonheur de la France et celui de l'Europe.*

1814   *Réflexions politiques sur quelques écrits du jour et sur les intérêts de tous les Français.*

1816   *De la Monarchie selon la Charte.*

1820   *Mémoires, lettres et pièces authentiques touchant la vie et la mort de S. A. R. Monseigneur Charles-Ferdinand d'Artois, fils de France, duc de Berry.*

1826   *Les Aventures du dernier Abencérage* [dans *Œuvres complètes*, t. XVI]. (Éd. Paul Hazard et Marie-Jeanne Durry [H. Champion, Paris 1926] ou F. Letessier [Garnier, Paris 1958].)

1826   *Les Natchez* [dans *Œuvres complètes*, t. XX]. (Éd. Gilbert Chinard, Droz, Paris 1932.)

1827   *Opinion sur le projet de loi relatif à la police de la presse.*

1827   *Voyage en Amérique* [dans *Œuvres complètes*, t. VI]. (Éd. Richard Switzer, 2 vol., Didier, Paris 1964.)

1827   *Voyage en Italie* [dans *Œuvres complètes*, t. VII]. (Éd. J.-M. Gautier de la *Lettre à M. de Fontanes sur la campagne romaine*, Droz, Genève 1951.)

1831   *Études ou Discours historiques* [dans *Œuvres complètes*, t. IV].

1831   *Moïse* [dans *Œuvres complètes*, t. XXII *bis*].

1832   *Mémoire sur la captivité de M*^me^ *la duchesse de Berry.*

1836   *Essai sur la littérature anglaise et Considérations sur le génie des hommes, des temps et des révolutions.*

1838   *Congrès de Vérone. Guerre d'Espagne. Négociations : colonies espagnoles.*

1844   *Vie de Rancé.* (Éd. F. Letessier [Droz, 2 vol., Genève 1955] ou Roland Barthes [U. G. E., coll. 10/18, Paris 1965].)

1848   *Mémoires d'outre-tombe.* (Éd. Maurice Levaillant et Georges Moulinier [Gallimard, Bibl. de la Pléiade, 2 vol., Paris 1946-1948], M. Levaillant [Éd. « du Centenaire », Flammarion, 4 vol., Paris 1948] ou Henri Guillemin [Éd. Rencontres, 4 vol., Lausanne 1963].)

1912   *Correspondance générale*, publiée par Louis Thomas (5 vol. sq. seulement parus).

Pour tous les textes qui s'y trouvent rassemblés, nous renverrons à l'édition des *Œuvres romanesques et Voyages* procurée par Maurice Regard (Paris, Gallimard, « Bibl. de la Pléiade », 1969) ; au t. I : *Atala; René; Les Natchez; Voyage en Amérique* et *Vie de Rancé;* au t. II : *Les Martyrs; Itinéraire de Paris à Jérusalem; Les Aventures du dernier Abencérage* et *Voyage en Italie.*

▲

. Vue actuelle

Le château
de Combourg

◀ Lithographie
de l'époque

*Chaque automne,
je revenais au
château paternel...*
(l. 79)

PORTRAITS ET REFLETS

Chateaubriand vu par ses contemporains

« M. de Chateaubriand était petit et n'aimait pas à le dire », écrit son ami le comte de Marcellus [1] ; dans les *Mémoires d'outre-tombe* (VI, I), il traduit lui-même le signalement que portait, en anglais, son passeport de 1793 : « taille de cinq pieds quatre pouces », mais sans préciser qu'il ne s'agissait pas de pieds français (32,5 cm) mais bien de pieds anglais (30,5 cm) : soit 1,62 m, et non 1,73 m... « Il est petit et a la tête un peu plus grande qu'il ne faudrait d'après sa hauteur ; ses yeux sont singulièrement vifs, trop vifs peut-être ; car ils en paraissent durs » [2] ; ces yeux, bleus, sont, notera Lamartine [3], « comme deux charbons mal éteints ». Il est brun. Il n'est pas bossu, mais a une épaule légèrement plus haute que l'autre.

Il s'est avec complaisance décrit foncièrement mélancolique, en proie à l'ennui, aux humeurs sombres. Pourtant, au témoignage d'un contemporain [4], « il était aussi gai, aussi aimable qu'on peut l'être ; il donnait une tournure originale à ce qu'il disait ; il s'amusait d'un rien. A son retour en province [1790], il ne rêvait plus que déserts, solitudes et méditations. Il ressemblait à ces enfants qui ne peuvent résister au besoin de gaîté, si naturel à leur âge, et qui, après s'être pincé les lèvres pendant une minute, cèdent au rire tout en regrettant de quitter un rôle qui plaisait à leur amour-propre. Il nous quittait pour aller rêver sur les routes ou au bord des ruisseaux, où sûrement il épuisait toute sa mélancolie, car à son retour il était fort gai et fort aimable, en dépit de lui-même ». Aussi « l'Enchanteur » fut-il toujours d'un commerce agréable, enjoué, séduisant... lorsqu'il le voulait, et avec ceux qu'il connaissait bien, car Hugo le trouva « d'une politesse glacée au fond ; on se heurtait à un caractère dont rien ne pouvait ployer la roideur ni diminuer la hauteur ; on éprouvait plus de respect que de sympathie ; on se sentait devant un génie, mais non devant un homme » [5] ; et M. Villemain [6] : « De près, il attirait peu. Une habitude de fierté polie, trop souvent glaciale, de longs silences, une sorte de rêverie ou de distraction apparente, au milieu du plus vif intérêt s'agitant autour de lui. »

---

1. *Chateaubriand et son temps* (1859). — 2. Lettre de 1829 du poète Édouard Turquéty à sa mère. — 3. *Souvenirs et portraits*. — 4. Mᵐᵉ de Vaujuas (citée par Ch. Le Bouteiller, *Histoire de la ville et du canton de Fougères*). — 5. Adèle Hugo, *Victor Hugo raconté par un témoin de sa vie*. — 6. *M. de Chateaubriand, sa vie, ses ouvrages, son influence* (1858).

Démêlera-t-on jamais la part exacte de « pose » délibérément et avanta geusement prise au détriment d'une nature portée aux plaisirs, à l jouissance? L'homme qui écrit : « Est-ce vivre que d'être né de sort à n'avoir pu passer un seul jour heureux ou malheureux sans que l'idé du suicide ou de la mort ne se soit présentée à mon esprit, pour en fini de ma joie ou de ma souffrance? » [1] est aussi celui dont la vie amoureuse comme on l'a écrit un peu brutalement mais non sans justesse, est u « champ de foire » [2]... En 1833 — il a soixante-cinq ans et se trouve e Autriche, sur le chemin de Prague où il va voir Charles X en exil — Chateaubriand confie à ses *Mémoires d'outre-tombe* (XXXVII, XI)

« Si j'avais vingt ans, je chercherais quelques aventures dans Waldmün chen comme moyen d'abréger les heures; mais à mon âge on n'a plu d'échelle de soie qu'en souvenir, et l'on n'escalade les murs qu'avec le ombres. Jadis j'étais fort lié avec mon corps; je lui conseillais de vivr sagement, afin de se montrer tout gaillard et tout ravigoté dans un quarantaine d'années. Il se moquait des serments de mon âme, s'obstinai à se divertir et n'aurait pas donné deux patards [3] pour être un jour ce qu'o appelle *un homme bien conservé* : "Au diable!" disait-il; "que gagnerais-j à lésiner sur mon printemps pour goûter les joies de la vie quand personn ne voudra plus les partager avec moi?" Et il se donnait du bonheu par-dessus la tête »...

---

1. Fragment inédit des *Mémoires d'outre-tombe*, publié par Henri Guillemin, *l'Homm des « Mémoires d'outre-tombe »*, p. 269, n. 2. — 2. H. Guillemin, *op. cit.*, p. 263. — 3. Ancienne monnaie de deux deniers (douze deniers valaient un sou).

GENÈSE DE « RENÉ »

Composition et publication

A l'orée du dix-neuvième siècle, le 14 avril 1802 (24 Germinal an IX), une bombe éclata, dont le retentissement fut large, profond et durable : un gros ouvrage en cinq volumes in-octavo, signé d'un nom à la gloire encore toute jeune : *Génie du christianisme, ou Beautés de la religion chrétienne*, par « François-Auguste Chateaubriand ». Six jours plus tôt, le Corps Législatif avait ratifié le Concordat que le Premier Consul avait préparé avec Rome; le dimanche suivant, 18 avril, le culte catholique était réintroduit à Notre-Dame de Paris, la cathédrale désaffectée depuis près de dix ans. Cette concomitance est assurément « un fait majeur du XIXe siècle français »[1]; mais si le livre venait à point, son éclatant succès fut aussi par lui-même un facteur déterminant de l'évolution des idées. « N'était-il pas aussi ridicule que téméraire à un homme obscur, de s'opposer à un mouvement philosophique tellement irrésistible qu'il avait produit la Révolution? Il était curieux de voir un pygmée *raidir ses petits bras* pour étouffer le progrès du siècle, arrêter la civilisation et faire rétrograder le genre humain! » C'est pourtant ce à quoi il réussit, et « l'action du *Génie du christianisme* sur les opinions ne se borna pas à une résurrection momentanée d'une religion qu'on prétendait au tombeau : une métamorphose plus durable s'opéra ». Bref, « le heurt que le *Génie du christianisme* donna aux esprits fit sortir le dix-huitième siècle de l'ornière, et le jeta pour jamais hors de sa voie »[2]. Aujourd'hui, l'historien de la pensée et du sentiment religieux peut déplorer que « nombre des défauts de l'Église de France, dans la première moitié du XIXe siècle et au-delà, tiennent au *Génie* : un spiritualisme confus, un trop aisé détachement du siècle »[3]; il reste que l'événement du 14 avril 1802 fut considérable et que Chateaubriand s'assurait, en ce jour et pour longtemps, en contribuant à « rétablir le culte sur ses ruines »[4], la première place dans les lettres françaises.

Les lecteurs enthousiastes du *Génie* retrouvaient dans le tome III de ce volumineux traité un court roman qui, publié isolément l'année précédente avec un vif succès, y servait d'exemple illustrant la thèse des « harmonies de la religion chrétienne avec les scènes de la nature et les passions du cœur humain » (livre VI de la IIIe partie) : *Atala*. Mais ils y découvrirent aussi, deux fois plus court, formant au tome II le quatrième livre de la deuxième partie, un... « de quel nom l'appeler? un roman, une nouvelle, un *presque rien* »[5] : *René*, destiné, lui, à illustrer l'analyse que Chateaubriand proposait d'un « état de l'âme » qui, selon lui, n'avait « pas encore été bien observé » : le « vague des passions »,

---

1. Victor-L. Tapié, *Chateaubriand par lui-même*, p. 51. — 2. *Mémoires d'outre-tombe*, XIII, 10 (Bibl. Pléiade, t. 1, p. 461-464). — 3. Pierre Reboul, Introduction au *Génie du christianisme* (éd. Garnier-Flammarion), t. I, p. 12. — 4. *Mémoires d'outre-tombe*, XLIV, 8 (éd. citée, p. 935). — 5. Barbey d'Aurevilly (voir p. 119-120).

et à dénoncer les « funestes conséquences » d'un « vice nouveau » et « non encore attaqué ». Quoique un peu dans l'ombre du succès du *Génie* dans son ensemble, *René* obtint, comme *Atala*, la faveur du public; trois ans plus tard, l'auteur crut devoir satisfaire « une autre classe de lecteurs [qui] demandait une édition séparée des deux épisodes »[1]; depuis 1805, innombrables furent les volumes où ils parurent ensemble — souvent accompagnés du troisième bref roman de Chateaubriand, *les Aventures du dernier Abencérage*. Il n'est toutefois guère contestable que *René* l'emporta vite, dans le public, sur les deux autres et qu'il offre en somme l'exemple assez exceptionnel d'un livre qui, sans jamais vraiment connaître de désaffection, glissa insensiblement de la gloire du livre passionnément lu et « vécu » par plusieurs générations dans celle du chef-d'œuvre reconnu et classé par l'Histoire.

Quand Chateaubriand a-t-il écrit *René*? On a longuement débattu pour l'établir avec une relative exactitude, et le manuscrit de l'ouvrage paraît bien être définitivement perdu, qui aurait pu fonder quelque conjecture plus rigoureuse... Ce qui est certain, c'est qu'il faut remonter assez loin dans la jeunesse de l'auteur pour saisir la genèse du livre, sa lente maturation. C'est pendant son exil à Londres, s'il en faut croire les *Mémoires d'outre-tombe*, c'est dans le parc de Kensington qu'il a médité l'*Essai sur les révolutions* et conçu *Atala;* « c'est aussi dans ce parc, après avoir erré au loin dans les campagnes sous un ciel baissé, blondissant et comme pénétré de la clarté polaire, que je traçai au crayon les premières ébauches des passions de *René* »[2]. Il n'est pourtant pas impossible que, rentrant en France en mai 1800, Chateaubriand n'y rapporte qu'un manuscrit encore inachevé et que, par exemple, l'ultime visite qu'il fait un an plus tard à Combourg ait modifié, sinon déterminé la rédaction de telle page célèbre du livre. D'autre part, des ressemblances avec certains textes de l'auteur, manifestement antérieurs et qu'il réutilise dans son roman[3], font conclure que *René* a certainement été « composé à Londres, dans les dernières années de l'exil de Chateaubriand, et qu'il n'était pas encore achevé au printemps de 1800 »[4].

Mais — sans parler encore de la trame essentielle du livre, qui nous reporte à l'enfance, à l'adolescence et à la prime jeunesse de François-René, et sur laquelle nous nous interrogerons ensuite — *René* porte les marques de toute la vie de son auteur depuis plus de dix années, depuis son voyage américain. C'est en effet là-bas qu'il conçut l'idée de cette « épopée de l'homme dans la nature » qui devait être, pensait-il alors, son premier ouvrage mais qui ne vit le jour qu'en 1826 : *Les Natchez*. Rien ne permet de mettre sérieusement en doute que *René* comme *Atala* n'aient été d'abord imaginés comme des « épisodes » de cette épopée[5], même s'il est évident que pas une ligne n'en était alors écrite.

---

1. Préface à l'édition de 1805 (Paris, Le Normand) d'*Atala* et *René*. — 2. *Mémoires d'outre-tombe*, VI, 1 (éd. citée, t. I, p. 197). L'indication est confirmée par un autre passage (XII, 4, p. 415) et par une allusion dans le livre II de la *Vie de Rancé* (Bibl. Pléiade, t. I, p. 1032). — 3. Voir les notes de la présente édition. — 4. Armand Weil, Introduction à *René*, p. XIV. — 5. Préface de 1801 à *Atala*.

'intention primitive des *Natchez*, quoique Chateaubriand dût plus tard
en défendre [1], était certainement très rousseauiste : offrir la peinture
u bonheur de la vie sauvage, en opposition avec les maux dont souffre
a société civilisée. La rencontre qu'il avait faite en Amérique d'un
rançais, Philippe Le Cocq, ancien soldat qui s'était installé dans le
ays, avait épousé une Indienne, renoncé « aux coutumes de son pays,
our prendre les mœurs des Sauvages », et se disait « heureux depuis
qu'il était] sauvage » [2], — cette rencontre dut être déterminante dans
a création de René, le Français adopté par les Natchez.

els que nous les connaissons dans leur version publiée en 1826, *les Natchez*
omprennent une partie proprement épique, divisée en douze livres,
t une seconde partie (sans subdivisions) où « le roman remplace le
oème ». Les livres épiques racontent l'arrivée de René chez les Natchez,
on adoption par le sachem Chactas (dont le récit des aventures anté-
ieures occupe environ un tiers de cette première partie ; là se plaçait
épisode d'*Atala*), son pacte d'amitié avec Outougamiz, dont il épouse
a sœur Céluta, union qui lui vaut la haine mortelle d'un rival, le chef
ndouré, qui tente de l'assassiner et va jusqu'à fomenter une guerre
es Illinois contre les Natchez. La seconde partie est le long récit des
anœuvres d'Ondouré pour perdre René : au cours de la révolte où sont
assacrés tous les Européens, René est finalement abattu sur le seuil
e sa hutte par son rival ; c'est dans cette seconde partie que, au moment
ù il reçoit la nouvelle de la mort en France de sa sœur Amélie, le héros
ède aux sollicitations affectueuses de ses deux amis, Chactas et le
ère Souël, et leur fait le douloureux récit de sa jeunesse [3].

ême si *les Natchez* de 1826, sans doute assez différents de ce qu'avait pu
oncevoir leur auteur à l'époque de son voyage en Amérique, chantent
omme toute moins le retour à la vie primitive qu'ils n'en dénoncent
utopie, il est manifeste qu'en retirer *René* pour l'inclure dans le *Génie
u christianisme* prouve que, pour Chateaubriand, l'épisode a changé de
ens : ce n'était plus « l'épopée de l'homme dans la nature », mais un
uvrage destiné « à faire aimer la Religion et à en démontrer l'utilité » [4].
'héritier des philosophes du XVIIIe siècle, l'auteur de l'*Essai sur les
évolutions* qui avait violemment contesté le christianisme et espéré
que les peuples atteignirent à un degré de lumières et de connaissances
orales suffisant pour n'avoir plus besoin de culte » (II, IV), — ce
ceptique s'était converti peu après avoir publié ce livre impie, dont il
jeta au feu avec horreur des exemplaires », et fit tout naturellement
ntrer le roman dont il avait eu le projet, *René*, dans le cadre de son
ntreprise apologétique.

---

1. « Je ne suis point comme M. Rousseau, un enthousiaste des Sauvages... » (Préface
e 1801 à *Atala*). Mais il écrira, dans une note ajoutée au texte de l'*Essai sur les révolutions
Œuvres complètes*, 1826) : « J'étais alors, comme Rousseau, grand partisan de l'état sauvage,
t j'en voulais à l'état social » (t. I, p. 299). — 2. Cette rencontre est narrée dans l'*Essai
ur les révolutions* (éd. de 1826, t. II, p. 410-411). — 3. Voir *les Natchez*, Bibl. Pléiade,
. 438. — 4. Préface de 1805 ; voir plus loin, p. 42, l. 123-124.

Ascendances littéraires

On a pu écrire pourtant qu' « il n'y a dans *René* [...] rien de spécifiquemer chrétien, rien qui ne soit pas conforme à l'esprit philosophique, à I formation intellectuelle du jeune Chateaubriand » [1]. Et il est bien vra que ce qui anime en son fond le roman, c'est d'abord la leçon du Roussea de *la Nouvelle Héloïse*, « développée » par celle du Gœthe des *Souffrance du jeune Werther* : Chateaubriand a reconnu cette double ascendanc en proclamant que *René* avait pour but de combattre « le travers part culier des jeunes gens du siècle, le travers qui mène directement a suicide. C'est J.-J. Rousseau qui introduisit le premier parmi nous ce rêveries si désastreuses et si coupables. En s'isolant des hommes, e s'abandonnant à ses songes, il a fait croire à une foule de jeunes ger qu'il est beau de se jeter ainsi dans la vague de la vie. Le roman d Werther a développé depuis ce germe de poison » [2]. Comme il advier souvent, que l'auteur en soit ou non conscient à quelque degré, la peintur du mal qu'il prétend dénoncer a beaucoup plus de charmes que ne peu avoir d'influence la morale à déduire de l'histoire... Aussi, de même qu Saint-Preux avait suscité de nombreux émules, et que le suicide avai été « à la mode » parmi les jeunes gens lecteurs de *Werther*, de même le Renés « pullulèrent » et — Chateaubriand s'en moquait trente-cinq an plus tard — « il n'y eut bientôt pas de grimaud sortant du collège [.. qui, dans l'abîme de ses pensées, ne se soit livré au *vague de ses pa sions* » [3]...

De l'influence, considérable, de l'auteur des *Rêveries* sur celui de *Ren* celle de Bernardin de Saint-Pierre n'est guère distincte, sinon en ce qu'ell est plus sensible dans le style de l'ouvrage et dans certaines descriptior exotiques — évidemment moins nombreuses que dans *Atala*, où les anal gies avec *Paul et Virginie* avaient aussitôt vivement frappé les premier lecteurs. Il en est de même des poètes « préromantiques » anglais, qu Chateaubriand connaissait bien, avait même parfois traduits, et dor de précises réminiscences apparaissent çà et là dans le texte de *René*, – un sort spécial étant réservé à celui qui, bien que n'ayant point exist et fruit d'une des plus fameuses supercheries de l'histoire littérair nourrissait depuis quarante ans l'exaltation passionnée des lecteurs d tout l'Occident : Ossian, barde de la vieille Écosse « ressuscité » pa James Macpherson...

Les critiques, toujours curieux de découvrir des « sources » aux chefs d'œuvre, n'ont pas manqué de trouver dans la littérature du dix-huitièm siècle de nombreux ouvrages dont les héros peuvent plus ou moir apparaître comme des précurseurs de René : le thème de l'Européen qu renonce aux malheurs et à la corruption de la vie civilisée pour jouir d bonheur parmi les Sauvages n'était certes pas neuf en 1802 ! Et, qu' s'agît de *Florello*, roman de Loaisel de Tréogate (1776), de l'anonym

---

1. Maurice Regard, Introduction à *René*, p. 103. — 2. Préface de 1805, voir p. 42, l. 129-13
— 3. *Mémoires d'outre-tombe*, XIII, 10.

Odérahi (1795), d'*Azakia* (de Nicolas Bricaire de La Dixmérie, 1765), etc., Chateaubriand n'avait assurément nul besoin de lire ces livres pour imaginer la trame du sien. Au reste, comme on l'a souligné, tous ces ouvrages tirés de l'oubli par l'érudition « éclaireraient plutôt le René des *Natchez*, marié à l'Indienne Céluta, que celui de la confession à Chactas » [1].

La « criminelle passion » d'Amélie pour son frère n'était pas non plus une nouveauté dans le domaine romanesque; Chateaubriand cite lui-même quelques titres dans sa préface [2], et l'on pourrait allonger quasi indéfiniment la liste des œuvres construites sur le thème de l'inceste, que les amants ignorent ou non leur parenté, qu'ils assument et consomment leur amour ou le fuient avec horreur... Le goût qu'avait eu le dix-huitième siècle, surtout finissant, pour l'étrange et pour le sacrilège, le sadisme que pouvait satisfaire la narration des affreux châtiments auxquels les écrivains conduisaient souvent leurs héros coupables, avaient favorisé la multiplication des romans sur l'inceste. Peut-être faut-il faire un sort particulier à l'un d'eux, dont la trame offre de plus précises similitudes avec celle de *René* : *l'Homme sauvage*, de Louis-Sébastien Mercier, racontait en effet, en 1767, l'histoire de deux jeunes Indiens, Zidzem et sa sœur Zaka, qui s'aiment et ont un enfant; ce n'est que lorsque, séparée de son frère-amant, Zaka est convertie au christianisme par un père jésuite, qu'elle éprouve de l'horreur pour un péché qu'elle avait innocemment commis, et finalement se fait religieuse dans un couvent de San Salvador, tandis que Zidzem, désespéré mais fidèle à son amour, fuit en Europe... Mais Chateaubriand avait-il lu le roman de Mercier? Rien ne permet vraiment de l'affirmer. Et d'ailleurs, l'époque n'eût-elle pas mis à la mode ce sujet de l'inceste, *René* aurait-il été si différent, puisque son auteur en puisait la matière dans sa propre vie?...

De François-René à René — De Lucile à Amélie

Que le frère d'Amélie soit fait de la chair et de l'existence mêmes de son créateur, c'est ce que démontre à l'évidence le rigoureux parallélisme de tant de pages du roman de 1802 avec les premiers livres des *Mémoires d'outre-tombe;* ceux-ci nous restituent-ils très fidèlement ce qu'était en vérité le jeune Chateaubriand? Du moins nous offrent-ils l'image de celui qu'il pensait être, ou voulait paraître, et, si déformation il y a, elle aboutit à un François-René qu'il avait peint dans René [3]... L'enfance au château et dans les bois de Combourg, la vie du jeune chevalier à Paris, puis de l'émigré à Londres, nous retrouvons tous ces souvenirs

---

1. Fernand Letessier, Introduction à *René*, p. XXXV. — 2. Voir ici, p. 43-44. — 3. On sait que Chateaubriand a longtemps signé ses œuvres François-*Auguste* de Chateaubriand, empruntant ainsi le second prénom de son père et de son frère aîné : simple erreur, comme il le prétend dans les *Mémoires d'outre-tombe* (I, 2)? ou désir d'éviter que le public ne le confondît trop avec le héros auquel il avait donné son vrai prénom?

dans le roman, de même que les velléités d'une vocation religieuse, la tentation (tentative, dans les *Mémoires*) du suicide, et, d'une façon plus générale, les traits d'un caractère mélancolique et passionné.

Il n'est pas davantage possible de ne pas reconnaître en Amélie la sœur si tendrement aimée de François-René, Lucile, à qui le troisième livre des *Mémoires d'outre-tombe* consacre une suite de pages qui est comme une chapelle votive dans le monument. Pourtant, en dépit des témoignages de son frère et de plusieurs de ses amis (au premier rang desquels Chênedollé, qui l'aima), malgré la publication de ses propres écrits [1] et toute la littérature qui a proliféré autour d'elle, le personnage demeure mystérieux de cette « sœur inquiétante », « auréolée d'une lumière noire » [2] — sombre, passionnée, déjà désespérée dans sa jeunesse, emprisonnée en 1793-94, épousant moins de deux ans après, « comme on prend le voile », le septuagénaire M. de Caud qui meurt sept mois plus tard, sombrant enfin dans une folie qui la conduit très vraisemblablement au suicide en 1804, à l'âge de quarante ans...

Cette indéniable identité du couple romanesque et du couple réel est naturellement troublante, et l'on comprend Sainte-Beuve qui écrivit : « Une question qu'on voudrait repousser se glisse malgré nous. René est bien René, Amélie est bien Lucile. Qu'est-ce donc ? Et qu'y a-t-il eu de réel au fond dans le reste du mystère ? Poète, comment donner à deviner de telles situations, si elles ont quelque chose de vrai ? Comment les donner à supposer, si elles sont un rêve ? » [3] Mais... — répondait Remy de Gourmont [4] — « Chateaubriand ne donne rien à supposer. Il est parfaitement clair. Sainte-Beuve a de singulières pudeurs. [...] Je tiens que *René* explique les causes vraies de la folie de Lucile, car je ne vois pas d'autre mot pour caractériser l'état où Chateaubriand la trouva à son retour en France, en 1802, et qui ne cessa de s'aggraver jusqu'à sa mort proche. » Gourmont remarquait en effet que Chateaubriand, dans ses *Mémoires*, parlant de sa sœur qu'il retrouvait après plus de dix ans de séparation, écrivait : « Lucile était violente, impérieuse, déraisonnable [...]. Le génie de Lucile et son caractère profond étaient arrivés presque à la folie de J.-J. Rousseau » [5] ; *étaient arrivés presque à la folie...* : « Cela remontait donc plus loin ; il n'en est pas surpris, il le constate. Ces dispositions à la déraison étaient-elles déjà sensibles quand Chateaubriand émigra et gardait-il le souvenir d'une sœur déjà inquiète, proche du déséquilibre ? C'est assez probable. Est-ce à ce moment qu'il souffrit de voir chez Lucile l'amour fraternel s'exagérer en passion maladive, ou bien cela remontait-il, comme dans *René*, au moment de son départ pour l'Amérique, en 1791 ? Il n'y a aucune trace de cela dans ses *Mémoires*

---

1. *Œuvres* de Lucile de Chateaubriand, publiées par Anatole France (Paris, Champion, 1879), puis par Louis Thomas (Paris, Messein, 1912). — 2. Pierre Moreau, *Chateaubriand* (« Les Écrivains devant Dieu », 1965), p. 44-45. — 3. Sainte-Beuve, *Chateaubriand et son groupe littéraire sous l'Empire* (t. I, p. 96). — 4. Remy de Gourmont, « Lucile de Chateaubriand », article de 1912, repris dans ses *Promenades littéraires* (t. II, p. 34-40, du choix en 3 vol. publié au Mercure de France, Paris 1963). — 5. *Mémoires d'outre-tombe*, XIII, 8 (Bibl. Pléiade, t. I, p. 456).

et il est probable que c'est une sombre idée, née de longs souvenirs, qui lui vint à Londres, dans ses années de misère, de solitude et d'horreur, quand il repassait sa jeunesse heureuse et qu'il l'évoquait avec l'acuité que donne le malheur. Ces imaginations eurent-elles quelque fondement réel, ne sont-elles pas la broderie d'une anecdote contée par l'abbé Prévost, ou de la tragédie incestueuse de Ford[1], lue par quelque soir de maladie? Il serait aventureux de se prononcer catégoriquement, mais on conviendra qu'avec une fille du caractère redoutable de Lucile, et aussi exalté, une déraison du sentiment est aussi possible que fut certaine, peu après, une déraison de l'intelligence. »

On a vivement contesté, on a voulu réfuter une telle interprétation. « Comment imaginer, s'écrie un biographe moderne de Chateaubriand, qu'un homme si chevaleresque eût trahi un affreux secret, et publié cyniquement, du vivant même de Lucile, une confession qui, tous deux, les eût déshonorés? Et cela, dans le temps même que, nouveau converti, il préparait le *Génie du christianisme*. Connaissant le scrupuleux d'honneur qu'était Chateaubriand, il faut, bien au contraire, convenir que *René* fournit la preuve de sa totale innocence. L'inceste étant un thème à la mode, il en a usé sans se rendre compte que l'évocation de Combourg pouvait prêter à une sacrilège confusion. Il n'y a, proprement, pas pensé, lui, l'homme le plus sain du monde et le moins capable d'éprouver des sentiments troubles »[2]. Et d'ajouter que « celle qu'aimait et désirait Chateaubriand dans les landes et les bois de Combourg, ce n'était pas Lucile, c'était la Sylphide », et que « la véritable inspiratrice d'Amélie, c'est cette jeune Charlotte Ives, que le vicomte de Combourg [...] avait si involontairement séduite dans un presbytère anglais en lui racontant ses malheurs »[3].

Le problème est sans doute mal posé, qui est pourtant intéressant du point de vue de la création littéraire. Observons d'abord que la « seule » différence qui sépare l'amour fraternel exalté que Chateaubriand décrit dans son autobiographie de celui de René et d'Amélie est le sentiment certain que celle-ci éprouve : de son côté à elle, cet amour est « criminel »; si intense et passionnée que puisse être une affection innocente entre frère et sœur, elle sent donc qu'il y a en elle quelque chose de plus, un désir interdit. Si donc nous admettons — et rien ne peut nous en empêcher, bien au contraire, l'objection de Martin-Chauffier est sans doute dirimante — que tel n'était pas le cas de François-René et de Lucile, il faut que l'écrivain Chateaubriand ait « prolongé » le réel, ait poussé l'expérience d'un degré, dans l'imaginaire. Et n'est-ce pas là une première explication satisfaisante, n'est-ce pas une démarche constante du créateur, que d'isoler dans la réalité ce qui n'était que possibilité pour la faire croître et s'épanouir dans la fiction? On connaît le mot de Thibaudet,

---

1. Gourmont fait ici allusion à l'œuvre célèbre du dramaturge anglais John Ford, *'Tis pity she's a whore* (1633). — 2. Louis Martin-Chauffier, *Chateaubriand* (Seghers, 1969, p. 39-40). — 3. Voir, dans les *Mémoires d'outre-tombe* (X, 9), le récit de l'amour que Chateaubriand émigré, en 1795-1796, inspira, sans y prendre garde, à la fille de son hôte le pasteur Ives, Charlotte, âgée de quinze ans.

que Gide a rendu célèbre : « Le romancier authentique crée ses personnages avec les directions infinies de sa vie possible ; le romancier factice
les crée avec la ligne unique de sa vie réelle. Le génie du roman fait
vivre le possible ; il ne fait pas revivre le réel » [1]. Il ne suffit pourtant
pas de dire que Chateaubriand a « usé d'un thème à la mode », et il n'est
guère possible, pour la psychologie moderne, de ne pas voir dans cette
« réalisation d'un possible » le signe d'une vérité profonde — et largement
inconsciente — de l'homme Chateaubriand... A-t-on bien observé
que l'une des menues différences entre sa propre vie et celle qu'il prête
à son héros est que, si Mme de Chateaubriand meurt en 1798 alors que
son fils a trente ans, René, lui, « coûte la vie à [sa] mère en venant au
monde » [2] ? Il n'y a pas là un simple écho des *Confessions :* cette mort de
sa mère — mort qui est une « suppression », voulue par le romancier —
laisse l'enfant seul avec sa sœur, cette sœur ayant le caractère qu'on sait.
Et a-t-on bien observé aussi comment, au troisième livre des *Mémoires*,
se succèdent, dans un mouvement révélateur, les pages sur Lucile et
celles qui relatent la « révélation sur le mystère de sa vie », les « années
de délire » où l'adolescent créa son « fantôme d'amour », sa Sylphide,
c'est-à-dire son image idéale de la femme? Comment, alors, ne pas
comprendre que nous avons là le reflet d'un complexe d'Œdipe dévié
de sa direction ordinaire? A propos de Claudel, dans l'œuvre de qui
le thème de l'inceste est d'ailleurs beaucoup plus fugitivement exploité,
on a pu affirmer que « ce que les psychanalystes nomment fixation sur
la mère s'est produit chez lui sous la forme d'une fixation sur la sœur » [3] ;
la création de *René* paraît être justiciable de la même explication.
Il est vrai que, dans le roman, seule Amélie s'éprouve coupable d'une
« criminelle passion » que son frère « n'a point partagée » : banale
manœuvre de l'inconscient, diront les psychologues, pour déguiser
l'aveu. Ce qui demeure, et ce qui est capital, c'est que René, au seuil
de la vie, découvre l'amour sous le mode de l'interdit, de l' « impossible »,
et qu'il le lie donc au malheur, à l'insoluble désespoir. Ainsi retrouve-t-on
un thème essentiel de l'univers romantique...

Le « mal du siècle »

Tout autant héritier d'une forme de sensibilité « mûrie » dans les dernières
années du dix-huitième siècle que créateur à partir de sa propre personnalité, Chateaubriand donnait historiquement naissance, avec René,
au « premier des Romantiques ». Si l'influence du *Génie du christianisme*
fut considérable, celle de *René* ne le fut pas moins, mais en somme très
différente : la génération née avec le siècle, qui arrivait à l'adolescence
tandis que s'achevait l'épopée impériale, la grande génération romantique

---

1. André Gide, *Journal des Faux-Monnayeurs* (Paris, Gallimard, 1927, p. 113). Le texte
est extrait d'une étude d'Albert Thibaudet sur « l'Esthétique du roman », parue dans *la
Nouvelle Revue française* d'août 1912 et recueillie dans ses *Réflexions sur le roman* (Paris,
Gallimard, 1938). — 2. Page 52, l. 68. — 3. Jacques Madaule, *le Drame de Paul Claudel*
(Paris, Desclée de Brouwer, 1964, p. 16).

e reconnut dans le héros lamentable et désespéré de Chateaubriand; « « mal de René » était bien le « mal du siècle », le mal d'hommes aux spirations violentes mais vagues, riches d'imagination, de rêves et de ésirs, mais que la réalité rongée par le temps et la mort jetait dans le *edium vitae*, l'ennui, la jouissance même d'un néant qui les fascinait. René contestant la société, ses structures et ses devoirs, emportant sa aine révolte et son désespoir chez les Sauvages, n'apparut pas comme un xemple à fuir, mais comme un héros séduisant pour toute une postérité ui se complut et se drapa dans l'attitude de celui qui marchait « à grands as, le visage enflammé, le vent sifflant dans sa chevelure »... Bien éloi- nées semblaient alors cette lutte contre l'inquiétude et pour le bonheur, ette foi dans le progrès et dans l'action, qui avaient été la conquête ositive du « siècle des lumières »...

Ii l'intention apologétique proclamée dans la préface, ni la leçon de norale sociale du Père Souël ne pénétrèrent les lecteurs de *René;* ce qui ermit au contraire à la génération de 1815 — cette génération qui grandit n même temps que s'écroulaient les grands rêves révolutionnaires et apoléoniens, et qui ne voyait devant elle que la France bourgeoise et nesquine de la Restauration — de se reconnaître et de se plaire dans le éros déçu et malheureux, c'est en quelque sorte le « salut par l'orgueil » ont il était l'exemple. Ce qui distingue en effet René d'une figure comme elle d'Oberman (presque exactement contemporaine : le roman de enancour parut en 1804) — mais qui le rapproche de telles autres comme hatterton —, c'est la délectation qu'il trouve dans le sentiment de la singularité » de son malheur, l'orgueilleuse jouissance de son destin 'homme exceptionnel : « Mon chagrin même, par sa nature extraordi- aire, portait avec lui quelque remède : on jouit de ce qui n'est pas ommun, même quand cette chose est un malheur »[1]. René chérit sa ouleur, non par simple masochisme, mais par complaisance au prestige u'elle lui confère. Ainsi fera sa « triste postérité, baillant sa vie, orgueil- euse de ses plaies, sublime et satanique lorsqu'elle atteint aux cimes de yron, pitoyable toujours »[2]. Grâce à la finesse de son exploration psycho- ogique, mais aussi à l'incontestable et durable magie de son style, René, comme toutes les grandes œuvres, refléta tout autant qu'il façonna état d'esprit de son temps.

---

1. Page 104, lignes 939-942. — 2. Pierre Moreau, *op. cit.*, p. 46.

BIBLIOGRAPHIE

1. Éditions de « René »

a) Éditions parues du vivant de l'auteur

Génie du christianisme, ou Beautés poétiques et morales de l *religion chrétienne*. Paris, Migneret 1802 (édition princeps).
Génie du christianisme [...]. Paris, Migneret, 1803.
Génie du christianisme [...]. Lyon, Ballanche, 1804. Cette nouvell
édition ne présente que des variantes orthographiques.
Atala. René. Paris, Le Normand, 1805. Première édition collectiv
de ces deux romans détachés du *Génie du christianisme*.

b) Éditions modernes commentées

Atala. René, par Gilbert Chinard. Paris, Éd. Fernand Roches, 193
René, édition critique, par Armand Weil. Paris, Droz, 1935.
Atala. René. Les Aventures du Dernier Abencérage, par Fernan
Letessier. Classiques Garnier, 1958.
Œuvres romanesques et Voyages de Chateaubriand, par Mauric
Regard, Pléiade, 1969.

2. Introductions à Chateaubriand

Pierre MOREAU, *Chateaubriand, l'homme et l'œuvre*, Hatie
Boivin, 1956.
Pierre MOREAU, *Chateaubriand*, Desclée de Brouwer, 1965.
Victor-L. TAPIÉ, *Chateaubriand par lui-même*, Éd. du Seuil, 196
Louis MARTIN-CHAUFFIER, *Chateaubriand*, Seghers, 1969.
Pierre MOREAU, *Chateaubriand*, Ducros, 1969.
André MAUROIS, *Chateaubriand*, Grasset, 1938. — *René, ou la v*
de Chateaubriand, Hachette, 1956.
Louis MARTIN-CHAUFFIER, *Chateaubriand ou l'Obsession de l*
pureté, Gallimard, 1943.
Maurice LEVAILLANT, *Chateaubriand, prince des songes*, Hachett
1960.
Henri GUILLEMIN, *l'Homme des « Mémoires d'outre-tombe*
Gallimard, 1965.
André VIAL, *Chateaubriand et le Temps perdu*, Julliard, 196
Jean-Pierre RICHARD, *Paysage de Chateaubriand*, Éd. du Seui
1967.

3. Pour mieux comprendre « René »

a) livres

C. A. Sainte-Beuve, *Chateaubriand et son groupe littéraire sous l'Empire*, 2 vol., Garnier frères, 1861 (ces 2 vol. ont été réédités chez le même éditeur avec une annotation succincte de Maurice Allem).

André Le Breton, *le Roman français au XIXe siècle*, I : *Avant Balzac*, Lecène et Oudin, 1901 (chap. VIII : *René*).

Joachim Merlant, *le Roman personnel de Rousseau à Fromentin*, Hachette, 1905.

Jules Lemaitre, *Chateaubriand*, Calmann-Lévy, 1912 (Quatrième conférence).

Victor Giraud, *Nouvelles Études sur Chateaubriand*, Hachette, 1912.

Albéric Cahuet, *Un Werther féminin : Lucile de Chateaubriand*, Fasquelle, 1935.

Ferdinand Bruneau, *Histoire de la langue française*, t. X, Armand Colin, 1943.

Pierre Moreau, *Chateaubriand : René, Mémoires d'outre-tombe (I, II, III)*, C. D. U. (« Les Cours de Sorbonne »), 1951.

Maija Lehtonen, *L'Expression imagée dans l'œuvre de Chateaubriand*. Helsinski, Société Néophilologique, 1964.

b) articles

Fernand Baldensperger, « Un prédécesseur de René en Amérique », *Revue de Philologie française*, t. XV, 1901.

Victor Giraud, « Lucile de Chateaubriand », *Revue des Deux Mondes*, 7e période, t. XXVII no 1, 1er mai 1925.

Gilbert Chinard, « Quelques origines littéraires de *René* », *Publications of the Modern Languages Association*, t. XLIII no 1, mars 1928.

Louis Legras, « Chateaubriand et René », *Annales de Bretagne*, t. XXXVIII, 1928-29.

Jean Pommier, « Autour de *René* (A propos d'une édition récente) », *Revue d'histoire littéraire de la France*, t. XXXVII no 2, avril-juin 1937.

Raymond Lebègue, « René sur la bouche de l'Etna », *Rivista di letterature moderne e comparate*, vol. I no 1, mars 1948.

Richard Switzer, « A Precursor of René : le Baron de Saint-Castin », *The Romanic Review*, t. XLI no 3, octobre 1950.

Gianni Montagna, « Candide e René », *Ausonia*, t. XV, nos 4, 5 et 6, juillet-décembre 1960.

Östen Södergård, « La Palette sensorielle de Chateaubriand

d'après *René et Atala* », *Le Français moderne*, t. XXX n° 4, octobre 1962.

Yves BERGER, « Dormir la vie », *Nouvelle Revue française*, n° 129, 1er septembre 1963.

Peter L. THORSLEV jr., « Incest as Romantic Symbol », *Comparative Literature Studies*, t. O, n° 1, 1965.

Christian DEDET, « l'Éternelle jeunesse de René », *la Table Ronde*, n° 241, février 1968 (n° spécial *Actualité de Chateaubriand*).

Pierre BARBERIS, « Chateaubriand et le pré-romantisme », *Revue d'histoire littéraire de la France*[1]. t. LXIX n° 2, mars-avril 1969.

Maija LEHTONEN, « Chateaubriand et le thème de la mer », *Cahiers de l'Association internationale des études françaises*, n° 21 [pour un tiers consacré à « Chateaubriand »], mai 1969

Est-il besoin de préciser qu'aujourd'hui l'éditeur d'un texte aussi célèbre, aussi « classique » que *René*, doit à peu près tout à ses devanciers, spécialement à Armand Weil et à Fernand Letessier? Dans son annotation, il s'est donc appliqué à présenter une synthèse de leurs apports, ajoutant, rectifiant ici et là, tenant compte des articles et études qui ne cessent encore d'être consacrés à *René* et à son auteur, et éliminant de cette édition destinée aux élèves et étudiants ce qui est pure érudition.

---

1. La *R.H.L.F.* a consacré un numéro spécial à Chateaubriand à l'occasion du centenaire (nov.-déc. 1968), ainsi que la *Revue des sciences humaines* (oct.-déc. 1968).

RENÉ

PRÉFACE ET TEXTE DE 1805 [1]

---

1. Nous publions ici le roman d'après l'édition Le Normand (Paris, 1805) qui non seulement offrait pour la première fois *Atala* et *René* détachés du *Génie du christianisme*, mais en donnait un texte revu et « définitivement corrigé par l'auteur » : « quant au style, *René* a été revu avec autant de soin qu'*Atala*, et [...] a reçu le degré de perfection que je suis capable de lui donner », écrivait Chateaubriand en terminant sa *préface* (voir p. 46). Sans prétendre offrir ici une édition critique, nous signalons dans les notes toutes les variantes présentant quelque intérêt pour le commentaire des idées ou du style.

Frontispice du *Génie du christianisme*
Gravure de Villeroy d'après Boichot (édition de 1803)

PRÉFACE

. . . .

René, qui accompagne *Atala* dans la présente édition, n'avait point encore été imprimé à part [1]. Je ne sais s'il continuera d'obtenir la préférence que plusieurs personnes lui donnent sur *Atala* [2]. Il fait suite naturelle à cet épisode [3], dont il diffère néanmoins par
5 le style et par le ton. Ce sont à la vérité les mêmes lieux et les mêmes personnages, mais ce sont d'autres mœurs et un autre ordre de sentiments et d'idées. Pour toute préface, je citerai encore les passages du *Génie du christianisme* et de la *Défense* [4], qui se rapportent à *René*.

10   Extrait du *Génie du christianisme*, IIe Partie, Liv. III,
         Chap. IX, intitulé « Du Vague des passions » [5].

« Il reste à parler d'un état de l'âme, qui, ce nous semble, n'a pas encore été bien observé [6] : c'est celui qui précède le développement des grandes passions, lorsque toutes les facultés, jeunes, actives,
15 entières, mais renfermées, ne se sont exercées que sur elles-mêmes,

---

1. Voir la bibliographie, p. 32. — 2. En réalité, s'il est incontestable que *René* eut une influence morale plus profonde et plus durable, *Atala* obtint du public, dès sa publication en avril 1801 puis dans le *Génie* où elle se trouvait avec *René*, un triomphe immédiat et plus éclatant; Chateaubriand le confirme dans ses *Mémoires* (XIII, 10) : « Un épisode du *Génie du christianisme*, qui fit moins de bruit alors qu'*Atala*, a déterminé un des caractères de la littérature moderne. ». — 3. En effet (voir p. 50, l. 22 : « Quelques années s'écoulèrent »... après la chasse au castor au cours de laquelle se plaçait le récit de Chactas), et il importe de lire *Atala* avant *René*. Mais, dans le *Génie*, *René* (livre IV de la IIe partie) précédait *Atala* (livre VI de la IIIe partie), et un critique de *la Décade philosophique* pouvait écrire :
« On croit que cela n'y fait rien, et qu'il n'importe guère
   Que *René* soit devant ou *René* soit derrière;
mais ce n'est pas une transposition aussi indifférente; et le fait est qu'en commençant l'histoire de *René*, on n'en comprend pas un mot. » — 4. Pour répondre à la violence de certains critiques du *Génie*, Chateaubriand publia en effet, en 1803 (suivant l'exemple de Montesquieu qui avait écrit une *Défense de l'Esprit des lois*), une *Défense* de son grand ouvrage, qui fut reprise peu après dans la 2e éd. du *Génie du christianisme*. — 5. Nous donnons ici le texte intégral de ce chapitre, suivant l'éd. Ballanche (1804) du *Génie*, en indiquant dans les notes les passages qui ne figurent pas dans la préface de *René*. — 6. Dans la IIe partie du *Génie* (« Poétique du christianisme »), le livre III étudie les passions et tend à démontrer « que le christianisme a changé les rapports des passions en changeant les bases du vice et de la vertu »; Chateaubriand y analyse d'abord l'*amour passionné* (exemples : Didon, la Phèdre de Racine, Julie d'Étanges, Clémentine, Héloïse et Abélard), puis l'*amour champêtre* (ex. : le Cyclope et Galatée, Paul et Virginie), et enfin *la religion chrétienne considérée elle-même comme passion* (ex. : l'*Imitation de Jésus-Christ* et *Polyeucte*). Et le dernier chapitre du livre analyse un état d'âme dont l'auteur prétend qu'il n'a « pas encore été bien observé » (en quoi il est trop catégorique, voir notre introduction) et que *René* doit illustrer.

sans but et sans objet [1]. Plus les peuples avancent en civilisation, plus cet état du vague des passions augmente; car il arrive alors une chose fort-triste : le grand nombre d'exemples qu'on a sous les yeux, la multitude de livres qui traitent de l'homme et de ses sentiments,
20 rendent habile, sans expérience. On est détrompé sans avoir joui [2]; il reste encore des désirs, et l'on n'a plus d'illusions. L'imagination est riche, abondante et merveilleuse, l'existence pauvre, sèche et désenchantée. On habite, avec un cœur plein, un monde vide; et sans avoir usé de rien, on est désabusé de tout.

25 » L'amertume que cet état de l'âme répand sur la vie, est incroyable; le cœur se retourne et se replie en cent manières, pour employer des forces qu'il sent lui être inutiles. Les anciens ont peu connu cette inquiétude secrète, cette aigreur des passions étouffées qui fermentent toutes ensemble : une grande existence politique,
30 les jeux du gymnase et du champ de Mars, les affaires du forum et de la place publique, remplissaient tous leurs moments, et ne laissaient aucune place aux ennuis du cœur [3].

» D'une autre part, ils n'étaient pas enclins aux exagérations, aux espérances, aux craintes sans objet, à la mobilité des idées et
35 des sentiments, à la perpétuelle inconstance, qui n'est qu'un dégoût constant : dispositions que nous acquérons dans la société intime des femmes. Les femmes, chez les peuples modernes [4], indépendamment de la passion qu'elles inspirent, influent encore sur tous les autres sentiments. Elles ont dans leur existence un certain abandon
40 qu'elles font passer dans la nôtre; elles rendent notre caractère d'homme moins décidé; et nos passions, amollies par le mélange des leurs, prennent à la fois quelque chose d'incertain et de tendre [5].

---

1. Ces passions « renfermées » désignent-elles la même réalité, le même processus que ce que la psychologie moderne appelle le refoulement? — 2. Cf. *René* (l. 160-161) : « Heureux ceux qui ont fini leur voyage, sans avoir quitté le port! » — 3. Chateaubriand n'a pas tort dans la constatation de ce fait et dans l'explication qu'il en donne, mais il est, ici encore, trop catégorique, et ses contemporains n'ont point manqué de contester sa thèse. Ce *taedium vitae*, ce dégoût de soi, « on ne le chercherait pas en vain », dira Sainte-Beuve, « dans Lucrèce, le poète de la nature », et nombre de poètes latins — Tibulle, Properce, Ovide... — ont en effet connu cette mélancolie, que des philosophes comme Sénèque ont même analysée avec précision (cf. son dialogue *De Tranquillitate animi*, II, 10 : « Étroitement confinées dans une prison sans issue, nos passions s'y asphyxient; de là la mélancolie, la langueur et les mille flottements d'une âme incertaine », etc.). — 4. On sait le rôle croissant des femmes dans la société occidentale du xviie et surtout du xviiie siècle; le jugement de Chateaubriand n'est que partiellement vérifié par l'histoire de la sensibilité, mais il est le premier, avec Mme de Staël (*De la Littérature considérée dans ses rapports avec les institutions sociales*, 1800), à développer cette idée que la mélancolie est fille d'une civilisation où la femme a pris une place sans commune mesure avec celle qu'elle avait dans l'Antiquité. — 5. Dans la *Préface* de 1805, les deux paragraphes suivants sont remplacés par une ligne de points, et le texte reprend à : « Il suffirait de joindre ...» (l. 73).

» Enfin, les Grecs et les Romains, n'étendant guères leurs regards
au-delà de la vie, et ne soupçonnant point des plaisirs plus parfaits
45 que ceux de ce monde, n'étaient point portés, comme nous, aux
rêveries et aux désirs par le caractère de leur religion. C'est dans
le génie du Christianisme, qu'il faut surtout chercher la raison de
ce *vague* des sentiments répandu chez les hommes modernes. Formée
pour nos misères et pour nos besoins, la religion chrétienne nous
50 offre sans cesse le double tableau [1] des chagrins de la terre et des
joies célestes, et par ce moyen elle a fait dans le cœur une source
de maux présents et d'espérances lointaines, d'où découlent d'inépuisables rêveries. Le chrétien se regarde toujours comme un voyageur [2] qui passe ici-bas dans une vallée de larmes [3], et qui ne se
55 repose qu'au tombeau. Le monde n'est point l'objet de ses vœux,
car il sait que *l'homme vit peu de jours* [4], et que cet objet lui échap-
perait vite.

» Les persécutions qu'éprouvèrent les premiers fidèles augmentèrent
en eux ce dégoût des choses de la vie. L'invasion des Barbares y mit
60 le comble, et l'esprit humain en reçut une impression de tristesse,
et peut-être même une légère teinte de misanthropie, qui ne s'est
jamais bien effacée. De toutes parts s'élevèrent des couvents, où
se retirèrent des malheureux trompés par le monde, ou des âmes
qui aimaient mieux ignorer certains sentiments de la vie, que de
65 s'exposer à les voir cruellement trahis [5]. Une prodigieuse mélancolie
fut le fruit de cette vie monastique; et ce sentiment, qui est d'une
nature un peu confuse, en se mêlant à tous les autres, leur imprima
son caractère d'incertitude. Mais en même temps, par un effet bien
remarquable, le vague même où la mélancolie plonge les sentiments

---

1. « Du jour, écrira Hugo dans la Préface de *Cromwell* (1827), où le christianisme a dit
à l'homme : "Tu es double, tu es composé de deux êtres, l'un périssable, l'autre immortel,
l'un charnel, l'autre éthéré, l'un enchaîné par les appétits, les besoins et les passions, l'autre
emporté sur les ailes de l'enthousiasme et de la rêverie, celui-ci enfin toujours courbé vers
la terre, sa mère, celui-là, sans cesse élancé vers le ciel, sa patrie"; de ce jour, le drame a
été créé », et cette religion a fait naître un sentiment inconnu des Anciens, la mélancolie.
— 2. Cette image de l'*homo viator*, familière à la tradition chrétienne, est chère à Chateaubriand. « Vieux voyageur alors, lit-on aux dernières pages de la *Vie de Rancé*, assis sur
la borne de chemin, Rancé eût compté les étoiles en ne se fiant à aucune » (Éd. Regard,
p. 1147). — 3. *Vallis lacrimarum*, expression de la vulgate des *Psaumes*, LXXXIV, 7
(en fait, c'était le nom d'une vallée de Palestine). — 4. Autre expression biblique (*Job*,
XIV, 1) : « L'homme, né de la femme, a la vie courte, mais des tourments à satiété. » — 5. On
appréciera cette conception romanesque de la vie monastique, refuge de ceux que le monde
déçoit ou à qui il fait peur. Cf. le mot de Bonaparte que rappellera Chateaubriand, dans sa
Vie de Rancé (éd. citée, p. 1076) : « Là, disait-il, se pourront réfugier ceux à qui le monde
ne convient pas ou qui ne conviennent pas au monde. »

70 est ce qui la fait renaître; car elle s'engendre au milieu des passions, lorsque ces passions, sans objet, se consument d'elles-mêmes dans un cœur solitaire [1].

» Il suffirait de joindre quelques infortunes à cet état indéterminé des passions, pour qu'il pût servir de fond à un drame admirable. 75 Il est étonnant que les écrivains modernes n'aient pas encore songé à peindre cette singulière position de l'âme. Puisque nous manquons d'exemples, nous serait-il permis de donner aux lecteurs un épisode extrait, comme *Atala*, de nos anciens *Natchez*? C'est la vie de ce jeune René, à qui Chactas a raconté son histoire [2]. Ce n'est pour 80 ainsi dire, qu'*une pensée;* c'est la peinture du *vague des passions,* sans aucun mélange d'aventures, hors un grand malheur envoyé pour punir René [3], et pour effrayer les jeunes hommes qui, livrés à d'inutiles rêveries, se dérobent criminellement aux charges de la société. Cet épisode sert encore à prouver la nécessité des abris du 85 cloître pour certaines calamités de la vie, auxquelles il ne resterait que le désespoir et la mort, si elles étaient privées des retraites de la religion. Ainsi le double but de notre ouvrage, qui est de faire voir comment le génie du Christianisme a modifié les arts, la morale, l'esprit, le caractère, et les *passions* même des peuples modernes, 90 et de montrer quelle prévoyante sagesse a dirigé les institutions chrétiennes; ce double but, disons-nous, se trouve également rempli dans l'histoire de René. »

---

1. Ici prend fin la coupure faite par la Préface de 1805 dans le texte cité du chapitre du *Génie* de 1804; ici aussi se terminera ce chapitre dans la version définitive de 1826 du *Génie du christianisme* (version amputée de *René* et d'*Atala*), mais les deux dernières phrases (depuis « Une prodigieuse mélancolie... », l. 65) y seront remplacées par celles-ci : « Mais, de nos jours, quand les monastères, ou la vertu qui y conduit, ont manqué à ces âmes ardentes, elles se sont trouvées étrangères au milieu des hommes. Dégoûtées par leur siècle, effrayées par leur religion, elles sont restées dans le monde, sans se livrer au monde : alors elles sont devenues la proie de mille chimères; alors on a vu naître cette coupable mélancolie qui s'engendre au milieu des passions, lorsque ces passions, sans objet, se consument d'elles-mêmes dans un cœur solitaire. » On relèvera dans ce texte l'allusion aux persécutions révolutionnaires contre les couvents et établissements religieux, mais aussi la description d'une situation toute différente, et qui introduit mieux l'histoire de René. — 2. La *Préface* de 1805 arrête ici la citation, en se bornant à y ajouter « etc., etc. ». — 3. Ici, l'édition originale du *Génie du christianisme* (1802) terminait le chapitre sur cette simple phrase : « On trouvera d'ailleurs dans cet épisode quelques harmonies des monuments chrétiens et de la vie religieuse, avec les passions du cœur et les tableaux de la nature : ainsi notre but sera doublement rempli. » Le texte plus long qui lui a été substitué est une addition de 1803. « On a ici la preuve matérielle que c'est après coup, et à la suite des critiques dirigées contre son livre, que Chateaubriand s'est préoccupé de rattacher plus étroitement l'épisode de René au dessein général du *Génie du christianisme* » (Armand Weil).

Extrait de la *Défense du « Génie du christianisme »* [1]

« On a déjà fait remarquer la tendre sollicitude des critiques [2] pour la pureté de la Religion; on devait donc s'attendre qu'ils se
95 formaliseraient des deux épisodes que l'auteur a introduits dans son livre. Cette objection particulière rentre dans la grande objection qu'ils ont opposée à tout l'ouvrage, et elle se détruit par la réponse générale qu'on y a faite plus haut [3]. Encore une fois, l'auteur a dû combattre des poèmes et des romans impies, avec des poèmes
100 et des romans pieux; il s'est couvert des mêmes armes dont il voyait l'ennemi revêtu : c'était une conséquence naturelle et nécessaire du genre d'apologie qu'il avait choisi. Il a cherché à donner l'exemple avec le précepte. Dans la partie théorique de son ouvrage, il avait dit que la Religion embellit notre existence, corrige les passions
105 sans les éteindre, jette un intérêt singulier sur tous les sujets où elle est employée; il avait dit que sa doctrine et son culte se mêlent

---

1. Chateaubriand cite ici intégralement, en y apportant d'infimes retouches par rapport au texte de l'édition Ballanche, les paragraphes VII et VIII de la partie principale de sa *Défense*, celle qui tend à justifier le sujet même de son grand ouvrage, à réfuter « l'objection, tant de fois répétée, qu'*il ne faut pas envisager la religion sous le rapport de ses simples beautés humaines, morales, poétiques; c'est en ravaler la dignité, etc., etc.* » (Éd. Reboul du *Génie*, t. II, p. 264-5). — 2. « Il s'agit ici des philosophes uniquement » (note de Chateaubriand). — 3. Cette *réponse générale*, en fait, Chateaubriand l'a donnée en résumant ainsi la *grande objection* des critiques : « L'auteur a voulu considérer le christianisme dans ses relations avec la poésie, les beaux-arts, l'éloquence, la littérature; il a voulu montrer en outre tout ce que les hommes doivent à cette religion, sous les rapports moraux, civils et politiques. Avec un tel projet, il n'a pas fait un livre de théologie; il n'a pas défendu ce qu'il ne voulait pas défendre; il ne s'est pas adressé à des lecteurs auxquels il ne voulait pas s'adresser ; donc il est coupable d'*avoir fait* précisément ce qu'*il voulait faire* » (*Loc. cit.*).

● **Le vague des passions** (l. 1-92)

① Étudiez la façon dont cette analyse est composée, avec beaucoup de rigueur et de netteté; pouvez-vous en justifier le plan, ou le critiquer? Dégagez les cinq éléments par lesquels Chateaubriand explique le vague des passions.

② Faites le départ de ce qui, dans cette analyse, ressortit à l'expérience personnelle de Chateaubriand et de ce qui est le produit d'une réflexion d'ordre historique.

③ Montrez en quoi la version définitive des lignes 65-72 (donnée p. 40, note 1) est mieux adaptée à l'histoire de René.

On recensera, dans le roman, les principaux traits qui peuvent illustrer cette analyse du *Génie du christianisme*.

merveilleusement aux émotions du cœur et aux scènes de la nature ;
qu'elle est enfin la seule ressource dans les grands malheurs de la vie :
il ne suffisait pas d'avancer tout cela, il fallait encore le prouver.
110 C'est ce que l'auteur a essayé de faire dans les deux épisodes de
son livre. Ces épisodes étaient en outre une amorce préparée à l'espèce
de lecteurs pour qui l'ouvrage est spécialement écrit [1]. L'auteur
avait-il donc si mal connu le cœur humain, lorsqu'il a tendu ce
piège innocent aux incrédules ? Et n'est-il pas probable que tel
115 lecteur n'eût jamais ouvert le *Génie du christianisme*, s'il n'y avait
cherché *René* et *Atala* [2] ?

> Sai che la corre il mondo dove più versi
> Delle sue dolcezze il lusinger parnasso,
> E che'l verso, condito in molli versi,
> 120 I più schivi alletando, ha persuaso [3].

» Tout ce qu'un critique impartial qui veut entrer dans l'esprit
de l'ouvrage, était en droit d'exiger de l'auteur, c'est que les épisodes
de cet ouvrage eussent une tendance visible à faire aimer la Religion
et à en démontrer l'utilité. Or, la nécessité des cloîtres pour certains
125 malheurs de la vie, et pour ceux-là même qui sont les plus grands,
la puissance d'une religion qui peut seule fermer des plaies que tous
les baumes de la terre ne sauraient guérir, ne sont-elles pas invinciblement prouvées dans l'histoire de René ? L'auteur y combat
en outre le travers particulier des jeunes gens du siècle, le travers
130 qui mène directement au suicide. C'est J.-J. Rousseau qui introduisit
le premier parmi nous ces rêveries si désastreuses et si coupables [4].

---

1. En voulant non point convaincre des philosophes, mais séduire le grand public et lui
rendre séduisante la religion, Chateaubriand a réussi ; on sait le triomphe que remporta le
Génie du christianisme dès sa publication, le 14 avril 1802 : « Ce jour-là, dans Paris, a écrit
une femme du monde, Mme Hamelin, pas une femme n'a dormi. On s'arrachait, on se volait
un exemplaire. Puis, quel réveil ; quel babil, quelles palpitations ! Quoi, c'est là le christianisme, disions-nous toutes ; mais il est délicieux. Qui donc l'explique ainsi ? » (Cité par
P. Moreau, *Chateaubriand* [1965], p. 48). — 2. Ne pourrait-on alors demander
à l'auteur pourquoi il a jugé bon de publier séparément ces deux « amorces » ? Il est
vrai que le *Génie*, lui, n'a été privé de leur charme que vingt-cinq ans plus tard,
dans l'éd. des *Œuvres complètes*, où Chateaubriand affirmait alors : « Le *Génie du
christianisme*, dégagé de ses épisodes, marche avec plus de rapidité, et n'en paraît que
mieux composé » (éd. citée, t. I, p. 47). — 3. Lire *ove* au lieu de *dove* au vers 1, *lusinghier*
au v. 2 et *vero* au lieu de *verso* au v. 3. Stance de *la Jérusalem délivrée* du Tasse (1580), au
début du chant I où le poète s'adresse à sa Muse : « Tu sais que là accourt le monde, où le
doux Parnasse est le plus prodigue de ses tendresses, et que le vrai, enclos en de doux vers,
a séduit par ses attraits les plus rétifs. » Chateaubriand lisait et connaissait fort bien le Tasse,
auquel il consacra tout un long chapitre des *Mémoires d'outre-tombe* (XLI, 2). — 4. Chateaubriand a plusieurs fois dit combien il avait subi le charme de Rousseau, et combien il jugeait
ce charme pernicieux : les *Mémoires* racontent que, peu avant d'émigrer, le 19 juin 1792,
il tint à aller à Montmorency visiter l'Ermitage de Jean-Jacques, voulant « dire adieu à la
solitude d'un homme antipathique par ses mœurs à mes mœurs, bien que doué d'un talent
dont les accents remuaient ma jeunesse » (IX, 6, éd. Levaillant-Moulinier, p. 306-307).

En s'isolant des hommes, en s'abandonnant à ses songes, il a fait
croire à une foule de jeunes gens, qu'il est beau de se jeter ainsi
dans le vague de la vie. Le roman de Werther a développé depuis
135 ce germe de poison [1]. L'auteur du *Génie du christianisme*, obligé de
faire entrer dans le cadre de son apologie quelques tableaux pour
l'imagination, a voulu dénoncer cet [2] espèce de vice nouveau, et
peindre les funestes conséquences de l'amour outré de la solitude.
Les couvents offraient autrefois des retraites à ces âmes contem-
140 platives, que la nature appelle impérieusement aux méditations.
Elles y trouvaient auprès de Dieu de quoi remplir le vide qu'elles
sentent en elles-mêmes, et souvent l'occasion d'exercer de rares et
sublimes vertus. Mais depuis la destruction des monastères et les
progrès de l'incrédulité [3], on doit s'attendre à voir se multiplier au
145 milieu de la société (comme il est arrivé en Angleterre [4]), des espèces
de solitaires tout à la fois passionnés et philosophes, qui ne pouvant
ni renoncer aux vices du siècle, ni aimer ce siècle, prendront la haine
des hommes pour l'élévation du génie, renonceront à tout devoir
divin et humain, se nourriront à l'écart des plus vaines chimères,
150 et se plongeront de plus dans une misanthropie orgueilleuse qui les
conduira à la folie, ou à la mort.

» Afin d'inspirer plus d'éloignement pour ces rêveries criminelles,
l'auteur a pensé qu'il devait prendre la punition de René dans le
cercle de ces malheurs épouvantables, qui appartiennent moins à
155 l'individu qu'à la famille [5] de l'homme, et que les Anciens attribuaient
à la fatalité. L'auteur eût choisi le sujet de Phèdre s'il n'eût été

---

1. On sait l'immédiat et inimaginable succès qu'avaient rencontré dans toute l'Europe dès
1774 *les Souffrances du jeune Werther*, et quelle véritable « épidémie de suicides » suivit
l'apparition du triste héros de Gœthe. Chateaubriand réunit souvent, comme ici, les
noms de Rousseau et de Gœthe : citant Ossian, *Werther et les Rêveries du Promeneur
solitaire*, il l'évoque dans les *Mémoires* (XII, 4) « le plaisir que [lui] causaient des ouvrages
où [il s]e délectai[t] ». — 2. Pour « cette » : coquille, ou inadvertance de l'auteur. —
3. Un chapitre du *Génie du christianisme* (III, iv, 5) entend démontrer *Que l'incrédulité
est la principale cause de la décadence du goût et du génie*. Il est d'ailleurs piquant d'y trouver
un éloge de Rousseau, « un des écrivains du dix-huitième siècle dont le style a le plus de
charme, parce que cet homme, bizarre à dessein, s'était au moins créé une ombre de
religion. [...] Ce fantôme de christianisme, tel quel, a quelquefois donné beaucoup de grâces
à son génie. Lui qui s'est élevé avec tant de force contre les sophistes, n'eût-il pas mieux
fait de s'abandonner à la tendresse de son âme, que de se perdre, comme eux, dans des
systèmes [...]? » (Éd. citée, t. II, p. 27). Mais n'est-ce pas en s'abandonnant à cette « tendresse
de son âme » que Jean-Jacques donna l'exemple de « ces rêveries si désastreuses et si
coupables »? — 4. Sur la façon dont Chateaubriand présentait la littérature anglaise récente,
cf. le livre XII des *Mémoires*, qui n'est que la reprise et la mise au point d'articles parus
en 1801-1802 dans *le Mercure de France* ou de chapitres de son *Essai sur la littérature
anglaise* (1836). — 5. Qui sont non point un destin individuel, mais celui d'une *famille*.

traité par Racine [1]. Il ne restait que celui d'Érope et de Thyeste [2] chez les Grecs, ou d'Amnon et de Thamar chez les Hébreux [3]; et bien qu'il ait été aussi transporté sur notre scène [4], il est toutefois moins
160 connu que celui de Phèdre. Peut-être aussi s'applique-t-il mieux au caractère que l'auteur a voulu peindre. En effet, les folles rêveries de René commencent le mal, et ses extravagances l'achèvent : par les premières, il égare l'imagination d'une faible femme; par les dernières, en voulant attenter à ses jours, il oblige cette infortunée à
165 se réunir à lui; ainsi le malheur naît du sujet, et la punition sort de la faute [5].

» Il ne restait qu'à sanctifier, par le Christianisme, cette catastrophe empruntée à la fois de l'antiquité païenne et de l'antiquité

---

1. Aussi bien Chateaubriand a-t-il analysé l'amour de Phèdre pour son beau-fils dans un bref chapitre qui, dans le *Génie*, précédait *René* de quelques pages : « Cette femme, qui se *consolerait d'une éternité de souffrance*, si elle avait joui *d'un instant de bonheur*, cette femme n'est pas dans le *caractère antique*; c'est la *chrétienne réprouvée*, c'est la pécheresse tombée vivante entre les mains de Dieu : son mot est le mot du damné » (II, III, 3, éd. citée, t. I, p. 290). — 2. « Sen. *in Atr. et Th.* Voyez aussi Canacé et Macareus, et Caune et Byblis dans les *Métamorphoses* et dans les *Héroïdes* d'Ovide. J'ai rejeté comme trop abominable le sujet de Myrra, qu'on retrouve encore dans celui de Loth et de ses filles » (note de Chateaubriand). *Æropé*, petite-fille de Minos, était l'épouse d'Atrée, petit-fils de Tantale; dans l'implacable haine qu'il avait pour Atrée, son frère jumeau, *Thyeste* séduisit sa belle-sœur, et le mari trompé tira une atroce vengeance des deux coupables : il fit dévorer à Thyeste ses propres enfants après les avoir tués et fait cuire, et jeta Æropé à la mer. Mais, ainsi que l'a remarqué G. Chinard (art. des *P. M. L. A.*, voir notre bibliographie), la tragédie de Sénèque, *Atrée et Thyeste*, à laquelle Chateaubriand renvoie en note, ne traite que de la vengeance d'Atrée, et non pas de la passion criminelle d'Æropé et de Thyeste. En revanche, c'est bien d'amours incestueuses qu'Ovide raconte l'histoire dans ses *Héroïdes* (livre X, où Canacé a un enfant de son frère Macareé) et dans ses *Métamorphoses* (livre IX, v. 451 sq., où Byblis déclare son amour à son frère jumeau Caunos, qui s'enfuit, saisi d'horreur, tandis qu'elle devient folle et, au moment où elle va se précipiter du haut d'un rocher, est métamorphosée en source par les Nymphes apitoyées). Myrrha, fille du roi de Syrie Théias, est victime de la colère d'Aphrodite qu'la pousse à désirer un inceste avec son père : elle abuse celui-ci, s'unit à lui pendant douze nuits, s'enfuit lorsque sa ruse est découverte et est métamorphosée en arbre à myrrhe dont l'écorce, dix mois plus tard, éclate et laisse sortir un enfant d'une grande beauté : Adonis (cf. Ovide, *Métam.* X, v. 321 sq.). Quant aux deux filles de Loth qui, ne trouvant point de mari pour leur donner une descendance, enivrent leur père et s'unissent à lui, voir *Genèse*, XIX, 30-38. — 3. « *Reg.* 13, 14 » (note de Chateaubriand). Dans la Bible (au *II* e *Livre de Samuel*, chap. XIII, et non dans le *Livre des Rois* comme l'indique par erreur Chateaubriand), *Amnon*, fils aîné du Roi David, s'éprend de sa sœur *Tamar* et la viole; son frère Absalom le fait assassiner. — 4. « Dans l'*Abufar* de M. Ducis » (note de Chateaubriand). Allusion, précisée dans la note, à *Abufar*, tragédie en cinq actes et en vers de Jean-François Ducis, parue en 1795, où le fils d'Abufar, Farhan, traîne sous divers cieux le coupable amour qu'il éprouve pour sa sœur. — 5. Noter le soin avec lequel Chateaubriand souligne que la moralité de son roman n'est pas postiche, plaquée; cf. (l. 172) *Ce n'est pas par les maximes répandues dans un ouvrage...* Pourtant, Sainte-Beuve dira, sévèrement, de l'homélie finale du Père Souël : « Les paroles de réprimande qu'adresse le vénérable P. Souël à ce malade si content de l'être ne sont que pour l'assortiment et pour fournir le prétexte d'insérer un épisode troublant dans un ouvrage consacré au christianisme. Elles sont sévères sans être pénétrantes et efficaces. J'appelle cela une moralité plaquée » (*Chateaubriand et son groupe littéraire sous l'Empire*, éd. Allem, t. I, p. 310).

sacrée. L'auteur, même alors, n'eut pas tout à faire; car il trouva
170 cette histoire presque naturalisée chrétienne dans une vieille ballade
de Pèlerin, que les paysans chantent encore dans plusieurs pro-
vinces [1]. Ce n'est pas par les maximes répandues dans un ouvrage,

---

1.   « C'est le chevalier des Landes,
                          Malheureux chevalier, etc. » (Note de Chateaubriand).
On n'a point su retrouver trace de cette ballade populaire, dont les *Mémoires d'outre-tombe*
citent pourtant deux autres vers, où le mot *sing* (sonnerie de cloches, cf. *Vie de Rancé*,
éd. citée, p. 1043) ferait penser à une « origine celtique ou flamande » de cette ballade que
Chateaubriand aurait donc pu entendre dans son enfance bretonne (F. Letessier) : « Je sais
encore la chanson qu'on chantait le soir en traversant les landes :

                     C'est le chevalier des Landes,
                     Malheureux chevalier !
                     Quand il fut dans la lande,
                     A ouï les sings sonner. »

(XXXIX, 6, éd. citée, t. II, p. 728-729).

■■■

● **Le vague des passions** (l. 93-188)

① *Faire aimer la Religion et en démontrer l'utilité* (l. 123-124) :
ces deux buts sont-ils distincts, *René* les atteint-il également?
démontre-t-il *la nécessité des cloîtres pour certains malheurs
de la vie* (l. 124-125)? que pensez-vous de cette « utilité » de la
religion? et de *la puissance d'une religion qui peut seule fermer
des plaies* (l. 126)? (*René* prouve-t-il « invinciblement » cette
efficacité?)

② *L'auteur du* Génie du christianisme, *obligé de faire entrer
dans le cadre de son apologie quelques tableaux pour l'imagination...* (l. 135 et suiv.) : avez-vous le sentiment que *René*
est bien le produit d'une telle *obligation*? Ne trouve-t-on pas
une argumentation semblable dans la conclusion de certains
romans du XVIIIe siècle, où la peinture du mal est présentée
comme nécessitée par l'intention moralisatrice de l'auteur?

③ Est-il juste d'assimiler, comme le fait Chateaubriand, la
leçon de Rousseau et celle de Gœthe?

④ Comparez les lignes 141-151 (de la *Défense*) aux lignes 62-72
(extraites du *Génie*) : n'y a-t-il pas quelque contradiction?

⑤ Pourquoi l'auteur a-t-il « pensé qu'il devait prendre la
punition de René dans le cercle de ces malheurs épouvantables,
qui appartiennent moins à l'individu qu'à la famille de l'homme,
et que les Anciens attribuaient à la fatalité » (l. 153 et suiv.)?

⑥ *René* réussit-il également à « peindre » une « passion nouvelle » et à « combattre » un « vice non encore attaqué »?

■■■

mais par l'impression que cet ouvrage laisse au fond de l'âme, que l'on doit juger de sa moralité. Or, la sorte d'épouvante et de mystère 175 qui règne dans l'épisode de *René*, serre et contriste le cœur sans y exciter d'émotion criminelle. Il ne faut pas perdre de vue qu'Amélie meurt heureuse et guérie, et que René finit misérablement. Ainsi, le vrai coupable est puni, tandis que sa trop faible victime, remettant son âme blessée entre les mains de *celui qui retourne le malade sur* 180 *sa couche* [1], sent renaître une joie ineffable du fond même des tristesses de son cœur. Au reste, le discours du père Souël ne laisse aucun doute sur le but et les moralités religieuses de l'histoire de René. »

On voit, par le chapitre cité du *Génie du christianisme*, quelle espèce de passion nouvelle j'ai essayé de peindre; et, par l'extrait 185 de la *Défense*, quel vice non encore attaqué j'ai voulu combattre. J'ajouterai que quant au style, *René* a été revu avec autant de soin qu'*Atala* [2], et qu'il a reçu le degré de perfection que je suis capable de lui donner.

---

1. C'est-à-dire *Dieu*. L'expression n'est qu'approximativement biblique (cf. *Psaumes* XLI, 4). — 2. *Atala* dont il a dit, au début de cette préface commune aux deux romans : « J'ai passé quatre ans à revoir cet épisode, mais aussi il est tel qu'il doit rester. C'est la seule *Atala* que je reconnaîtrai à l'avenir. »

■■■

● **« René » vu par son auteur en 1837**

Dans l'un des deux chapitres des *Mémoires d'outre-tombe* qu'il consacre au succès du *Génie du christianisme*, Chateaubriand souligne l'influence historique et l'originalité de *René*, mais en désavouant la nombreuse postérité de son lamentable héros. On aura profit à comparer cette page (livre XIII, chap. 10, éd. Levaillant-Moulinier p. 462-3) à l'extrait de la *Défense du « Génie du christianisme »* reproduit par l'auteur dans sa préface de 1805. En voici l'essentiel :

Un épisode du *Génie du christianisme*, qui fit moins de bruit alors qu'*Atala*, a déterminé un des caractères de la littérature moderne; mais, au surplus, si *René* n'existait pas, je ne l'écrirais plus; s'il m'était possible de le détruire, je le détruirais [1]. Une famille de René poètes et de René prosateurs a pullulé [2] : on n'a plus entendu que des phrases lamentables et décousues; il n'a plus été question que de vents et d'orages, que de maux inconnus livrés aux nuages et à la nuit. Il n'y a pas de grimaud [3] sortant du collège qui n'ait rêvé être le plus malheureux des hommes; de bambin qui à seize ans n'ait épuisé la vie, qui ne se soit cru tourmenté par son génie; qui, dans l'abîme de ses pensées, ne se soit livré au *vague de ses passions;* qui n'ait frappé son front pâle et échevelé, et n'ait étonné les hommes stupéfaits d'un malheur dont il ne savait pas le nom, ni eux non plus [4].

Dans *René,* j'avais exposé une infirmité de mon siècle; mais c'était une autre folie aux romanciers d'avoir voulu rendre universelles des afflictions en dehors de tout. Les sentiments généraux qui composent le fond de l'humanité, la tendresse paternelle et maternelle, la piété filiale, l'amitié, l'amour, sont inépuisables; mais les manières particulières de sentir, les individualités d'esprit et de caractère ne peuvent s'étendre et se multiplier que dans de grands et nombreux tableaux. Les petits coins non découverts du cœur de l'homme sont un champ étroit; il ne reste rien à recueillir dans ce champ après la main qui l'a moissonné la première. Une maladie de l'âme n'est pas un état permanent et naturel : on ne peut la reproduire, en faire une littérature, en tirer parti comme d'une passion générale incessamment modifiée au gré des artistes qui la manient et en changent la forme. [...]

Des écrivains me firent l'honneur d'imiter *Atala* et *René* [5], de même que la chaire [6] emprunta mes récits des Missions et des bienfaits du christianisme.

---

1. Dans un manuscrit fragmentaire conservé à la Bibliothèque nationale (Fr. 12.454) et publié en 1912 par Victor Giraud (*Nouvelles Études sur Chateaubriand,* Paris, Hachette), une version différente de ce chapitre des *Mémoires* insère ici cette phrase : « il a infesté l'esprit d'une partie de la jeunesse, effet que je n'avais pu prévoir, car j'avais au contraire voulu la corriger ». — 2. Voir p. 117, *Fortune de* « *René* ». — 3. « Anciennement, nom donné aux écoliers des basses classes, aux élèves les plus ignorants » (Littré). — 4. On appréciera l'élégante ironie de cette chute de phrase. — 5. Dans le livre précédent des *Mémoires d'outre-tombe* (XII, chap. 4), Chateaubriand a longuement tenté de prouver que Byron était un de ces écrivains : « S'il était vrai que *René* entrât pour quelque chose dans le fond du personnage unique mis en scène sous des noms divers dans *Childe-Harold, Conrad, Lara, Manfred,* le *Giaour;* si, par hasard, lord Byron m'avait fait vivre de sa vie, il aurait donc eu la faiblesse de ne jamais me nommer? J'étais donc un de ces pères qu'on renie quand on est arrivé au pouvoir? Lord Byron peut-il m'avoir complètement ignoré, lui qui cite presque tous les auteurs français ses contemporains? » — 6. L'éloquence sacrée, la prédication.

CHATEAUBRIAND ILLUSTRÉ

RENÉ

En arrivant chez les Natchez, René avait été obligé de prendre une épouse, pour se conformer aux mœurs des Indiens ; mais il ne vivait point avec elle. Un penchant mélancolique l'entraînait au fond des bois ; il y passait seul des journées entières, et semblait sauvage parmi les Sauvages. Hors Chactas, son père adoptif, et le père Souël, missionnaire au fort Rosalie (1), il avait renoncé au commerce des hommes. Ces deux vieillards avaient pris beaucoup d'empire sur son cœur : le premier, par une indulgence aimable ; l'autre, au contraire, par une extrême sévérité. Depuis la chasse du castor, où le sachem aveugle racontasesaventures à René, celui-ci n'avait jamais voulu parler des siennes. Cependant Chactas et le missionnaire désiraient vivement connaître par quel malheur un Européen bien né avait été conduit à l'étrange résolution de s'ensevelir dans les déserts de la Louisiane. René avait toujours donné pour motif de ses refus le peu d'intérêt de son histoire, qui se bornait, disait-il, à celle de ses pensées et de ses sentiments. « Quant à « l'événement qui « m'a déterminé à « passer en Amé-« rique, ajoutait-« il, je le dois en-« sevelir dans un « éternel oubli. »

Quelques années s'écoulèrent sans que les deux

(1) Colonie française aux

Hors Chactas, son père adoptif, et le père Souël, missionnaire au fort Rosalie, il avait renoncé au commerce des hommes. (l. 6-8)

RENÉ

En arrivant chez les Natchez [1], René avait été obligé
de prendre une épouse, pour se conformer aux mœurs des
Indiens [2] ; mais il ne vivait point avec elle. Un penchant
mélancolique l'entraînait au fond des bois [3] ; il y passait
seul des journées entières, et semblait sauvage parmi des
sauvages. Hors Chactas, son père adoptif [4], et le père Souël [5],
missionnaire au fort Rosalie [6], il avait renoncé au commerce
des hommes. Ces deux vieillards avaient pris beaucoup
d'empire sur son cœur : le premier, par une indulgence

---

1. Cette petite peuplade indienne de la Louisiane (qui vivait au bord de la rivière Sainte-Catherine, affluent du Mississipi, au nord de La Nouvelle-Orléans) doit toute sa célébrité à Chateaubriand, qui s'empara de deux révoltes des Natchez (en 1722 et 1729), « banal incident des guerres coloniales de la France » (G. Chinard), pour en faire une guerre épique. — 2. Prisonnier des Illinois, René allait subir un terrible supplice, quand il en fut sauvé par le Natchez Outougamiz, qui avait conclu avec lui le pacte indissoluble d'amitié et dont la sœur Céluta était déjà amoureuse de René : « Il n'avait qu'un moyen de payer à Outougamiz la dette d'une amitié sublime, c'était d'épouser Céluta. Le sacrifice était grand : tout lien pesait au frère d'Amélie ; aucune passion ne pouvait entrer dans son cœur ; mais il crut qu'il se devait immoler à la reconnaissance ; du moins ce n'était pas à ses yeux démentir la destinée que de trouver un malheur dans un devoir » (*Les Natchez*, 2ᵉ partie, éd. Regard, p. 373). Au XVIIIᵉ siècle, les mariages entre Européens et Indiennes furent fréquents, et la littérature en porte témoignage (p. ex. l'*Alzire* de Voltaire, *la Jeune Indienne* de Chamfort...). — 3. Époux de Céluta, puis père d'une petite fille qu'il nomma Amélie, René était de plus en plus triste et « passait des jours entiers au fond des forêts », allant à l'aventure, « farouche et sauvage, impatient de tout joug ». On sait combien Chateaubriand lui-même aimait semblablement les courses solitaires et mélancoliques à travers les bois de la Bretagne de son enfance. — 4. A son arrivée chez les Natchez, René avait supplié Chactas (son nom est en fait celui d'une tribu voisine des Natchez, les Tchactas, que Chateaubriand avait trouvé dans l'*Histoire de la Nouvelle-France* de Charlevoix), le « patriarche du désert », le sachem aveugle, « de le faire admettre au nombre des guerriers natchez, et de l'adopter lui-même pour son fils » (*Les Natchez*, I, éd. citée, p. 173). — 5. Le R. P. Jean-François *Souël*, jésuite, a bien existé, et Chateaubriand a lu son histoire dans Charlevoix ; mais de ce jeune missionnaire massacré à trente-quatre ans, en 1729, par les Yazous, il a fait un « vieillard »... Au livre III des *Natchez*, il a tracé un bref portrait du Père Souël : « Une grande doctrine, une vaste érudition, un esprit capable des plus hautes sciences, distinguaient ce missionnaire : charitable comme Jésus-Christ, humble comme le divin Maître, il ne cherchait à convertir les âmes au Seigneur que par des actes de bienfaisance et par l'exemple d'une bonne vie : pacifique envers les autres, il aspirait ardemment au martyre. [...] Toujours vêtu d'un habit de voyage, le Père Souël avait l'air d'un pèlerin qui ne fait qu'un séjour passager sur la terre, et qui va bientôt retourner à sa patrie céleste : lorsqu'il ouvrit la bouche, un silence profond régna dans le conseil... » (éd. citée, p. 206). — 6. « Colonie française aux Natchez » (note de Chateaubriand). *Fort-Rosalie* (ainsi nommé en l'honneur de Mᵐᵉ de Pontchartrain, dame du chancelier de France), « espèce de redoute fermée par une simple palissade » (Charlevoix, cité par Chateaubriand lui-même) construite par les Natchez, en vertu d'un traité conclu avec les Français en 1714, sur une colline au bord du Mississipi.

[10] aimable ; l'autre, au contraire, par une extrême sévérité. Depuis la chasse du castor [1], où le Sachem [2] aveugle raconta ses aventures à René, celui-ci n'avait jamais [3] voulu parler des siennes. Cependant Chactas et le missionnaire désiraient vivement connaître par quel malheur un Européen bien [15] né avait été conduit à l'étrange résolution de s'ensevelir dans les déserts de la Louisiane. René avait toujours donné pour motif de ses refus, le peu d'intérêt de son histoire qui se bornait, disait-il, à celle de ses pensées et de ses sentiments [4]. « Quant à l'événement qui m'a déterminé à [20] passer en Amérique, ajoutait-il, je le dois ensevelir dans un éternel oubli [5]. »

Quelques années s'écoulèrent [6] de la sorte, sans que les deux vieillards lui pussent arracher son secret. Une lettre qu'il reçut d'Europe, par le bureau des Missions étran- [25] gères [7], redoubla tellement sa tristesse, qu'il fuyait jusqu'à ses vieux amis. Ils n'en furent que plus ardents à le presser de leur ouvrir son cœur ; ils y mirent tant de discrétion, de douceur et d'autorité, qu'il fut enfin obligé de les satisfaire. Il prit donc jour avec eux, pour leur raconter non les aven- [30] tures de sa vie, puisqu'il n'en avait point éprouvées [8], mais les sentiments secrets de son âme.

Le 21 de ce mois, que les sauvages appellent *la lune des*

---

1. C'est au cours de cette *chasse* que Chactas et René remontent en pirogue le Mississipi et l'Ohio, et que le sachem aveugle conte au jeune Européen son histoire, qui occupe les livres V, VI, VII et VIII des *Natchez* — l'épisode d'*Atala* ayant été extrait du début de ce récit (*Atala*, éd. Bordas, commenté par [R. Bernex]). — 2. Employant le mot dans le prologue d'*Atala*, Chateaubriand l'explique en note : « Vieillard ou Conseiller. » En fait, ce titre que les Phéniciens antiques donnaient à leur premier magistrat civil, un des auteurs lus et utilisés par Chateaubriand, Jonathan Carver, l'avait proposé pour désigner le chef indien qui « règle l'administration des affaires civiles » ; c'est donc Chateaubriand qui fit la fortune du mot — ce que n'oubliait point Théophile Gautier, lorsqu'il l'appelait plus tard « le Sachem du Romantisme en France ». — 3. Texte de 1802 : « *celui-ci*, quoique souvent sollicité, *n'avait jamais...* ». — 4. Dès son arrivée parmi les Natchez, à Chactas qui l'accueille et l'invite à leur raconter son histoire, René a répondu : « Indiens, ma vie est sans aventures, et le cœur de René ne se raconte point » (*Les Natchez*, livre I, éd. citée, p. 172). — 5. Le narrateur de *Paul et Virginie* (roman que Chateaubriand, au témoignage de son secrétaire le comte de Marcellus, déclarait savoir « à peu près tout entier par cœur ») expliquait à Paul, bouleversé par le souvenir de Virginie morte, que le malheur d'une grande âme « reçoit à jamais un tribut de larmes de la postérité. Voilà le monument immortel qui lui est réservé sur une terre où tout passe, et où la mémoire même de la plupart des rois est bientôt *ensevelie dans un éternel oubli* » (*Paul et Virginie*, éd. Bordas, commenté par D. Dubois, p. 133). — 6. Peu : arrivé chez les Natchez en 1725, c'est quatre ans plus tard, en 1729, que René périra dans le massacre des Blancs. — 7. La Société des *Missions étrangères* avait été fondée à Paris en 1651 ; au moment où paraît *René*, elle n'existe plus, ayant été supprimée par la Constituante en 1791, mais elle sera rétablie en 1805. — 8. Texte de 1802 : « éprouvé ».

fleurs[1], René se rendit à la cabane de Chactas. Il donna le
bras au Sachem, et le conduisit sous un sassafras[2], au bord du
35 Meschacebé[3]. Le père Souël ne tarda pas à arriver au rendez-
vous. L'aurore se levait : à quelque distance dans la plaine,
on apercevait le village des Natchez[4], avec son bocage
de mûriers, et ses cabanes qui ressemblent à des ruches
d'abeilles. La colonie française et le fort Rosalie se mon-
40 traient sur la droite, au bord du fleuve. Des tentes, des
maisons à moitié bâties, des forteresses commencées, des
défrichements couverts de Nègres, des groupes de Blancs
et d'Indiens, présentaient dans ce petit espace le contraste
des mœurs sociales et des mœurs sauvages. Vers l'Orient,
45 au fond de la perspective, le soleil commençait à paraître
entre les sommets brisés des Apalaches, qui se dessinaient
comme des caractères d'azur[5], dans les hauteurs dorées
du ciel; à l'occident, le Meschacebé roulait ses ondes dans
un silence magnifique, et formait la bordure du tableau[6]
50 avec une inconcevable grandeur.

   Le jeune homme et le missionnaire admirèrent quelque
temps cette belle scène, en plaignant le Sachem qui ne
pouvait plus en jouir[7]; ensuite le père Souël et Chactas
s'assirent sur le gazon, au pied de l'arbre; René prit sa
55 place au milieu d'eux, et après un moment de silence, il
parla de la sorte à ses vieux amis :

---

   1. « Mois de mai », traduit Chateaubriand lui-même dans une note d'*Atala* (éd. Regard,
p. 38) où il emploie cette dénomination, empruntée au calendrier des Cipawois d'après
le P. Charlevoix. — 2. Cet arbre exotique au bois parfumé, « haut et rameux » d'après le
Dictionnaire de l'Académie de 1798, paraît souvent dans le *Génie du christianisme*, le *Voyage
en Amérique* et les *Natchez*. — 3. « Vrai nom du Mississipi ou Meschassipi », dit Chateaubriand
à la première page d'*Atala*; en fait, parmi les nombreuses formes sous lesquelles ce nom était
transcrit au XVIIIᵉ siècle (Metchasibou, Mesipi, etc.), Chateaubriand paraît avoir choisi
la plus rare, employée par un unique et obscur voyageur anglais, Daniel Coxe (d'après
J.-M. Gautier, *l'Exotisme américain dans l'œuvre de Chateaubriand*, Manchester Univ. Press,
1951, p. 45-48). — 4. Il est brièvement décrit par le Père Charlevoix (cité par Chateaubriand
en appendice aux *Natchez*) : « Les cabanes du grand village des Natchez, le seul que j'aie vu,
sont en forme de pavillon carré, fort basses, et sans fenêtres; le faîte est arrondi à peu près
comme un four. La plupart sont couvertes de feuilles et de paille de maïs; quelques-unes
sont construites d'une espèce de torchis qui me parut assez bon, et qui est revêtu en dehors
et en dedans de nattes fort minces. [...] Le temple est à côté de celle du grand-chef, tourné
vers l'orient, et à l'extrémité de la place » (éd. Regard, p. 581). — 5. Texte de 1802 : « *comme
des caractères* de toutes les formes ». — 6. On notera le mot *tableau*, ainsi que, quatre lignes
plus haut, *perspective* : « Le cadre, qui ne fait jamais défaut chez M. de Chateaubriand, est
admirablement posé », dira Sainte-Beuve dans la XVᵉ leçon de son *Chateaubriand*, et,
après avoir cité le passage : « Quand on se place à encadrer si glorieusement son ennui, il
ne saurait être incurable. L'auteur de *René* excelle à poser la tristesse de son héros, comme les
Grecs savaient asseoir leurs monuments et les mettre en harmonie avec la nature » (Éd. citée,
t. I, p. 301-302). — 7. Texte de 1802 : « *en plaignant* l'aveugle Chactas, *qui ne pouvait plus
en jouir* ».

« Je ne puis, en commençant mon récit, me défendre d'un mouvement de honte. La paix de vos cœurs, respectables vieillards, et le calme de la nature autour de moi,
60 me font rougir du trouble et de l'agitation de mon âme [1].

» Combien vous aurez pitié de moi ! Que mes éternelles inquiétudes vous paraîtront misérables ! Vous qui avez épuisé tous les chagrins de la vie, que penserez-vous d'un jeune homme sans force et sans vertu [2], qui trouve en
65 lui-même son tourment, et ne peut guères se plaindre que des maux qu'il se fait à lui-même ? Hélas, ne le condamnez pas ; il a été trop puni !

» J'ai coûté la vie à ma mère en venant au monde [3] ; j'ai été tiré de son sein avec le fer. J'avais un frère que mon
70 père bénit, parce qu'il voyait en lui son fils aîné [4]. Pour moi, livré de bonne heure à des mains étrangères, je fus élevé loin du toit paternel [5].

» Mon [6] humeur était impétueuse, mon caractère inégal. Tour à tour bruyant et joyeux, silencieux et triste, je
75 rassemblais autour de moi mes jeunes compagnons [7] ; puis,

---

1. Y a-t-il encore ici un souvenir de Bernardin de Saint-Pierre? « C'est un instinct commun à tous les êtres sensibles et souffrants de se réfugier dans les lieux les plus sauvages et les plus déserts; comme si des rochers étaient des remparts contre l'infortune, et comme si *le calme de la nature* pouvait apaiser les *troubles* malheureux de l'âme » (*Paul et Virginie*, Bordas, p. 19, l. 32; cette phrase est citée par Chateaubriand lui-même dans son *Essai sur les révolutions*, I, XLI). — 2. Au sens latin et classique du mot : force d'âme, — 3. Cela n'est point arrivé à Chateaubriand lui-même, comme on sait, mais à Rousseau, qui le dit au début de ses *Confessions* : « Je naquis infirme et malade; je coûtai la vie à ma mère, et ma naissance fut le premier de mes malheurs » (livre I, éd. Gagnebin-Raymond, Pléiade, p. 7). — 4. Quoique cette préférence de M. de Chateaubriand pour son fils aîné soit vraisemblable (voir Georges Collas : *René-Auguste de Chateaubriand, comte de Combourg* [Nizet, Paris 1949]), on n'en trouve pas trace dans les *Mémoires d'outre-tombe;* en revanche, l'auteur y dit de sa mère : « Toutes les affections de celle-ci s'étaient concentrées dans son fils aîné; non qu'elle ne chérît ses autres enfants, mais elle témoignait une préférence aveugle au jeune comte de Combourg. J'avais bien, il est vrai, comme garçon, comme le dernier venu, comme *le chevalier* (ainsi m'appelait-on), quelques privilèges sur mes sœurs; mais en définitive, j'étais abandonné aux mains des gens » (I, 3, éd. citée p. 19-20). — 5. On sait que telle fut l'enfance de Chateaubriand, mis en nourrice dès sa naissance, puis tenu dans des collèges, à Dol, puis à Rennes, Brest et Dinan (voir *Mémoires*, livres I-III). — 6. Dans le texte de 1802, cette phrase était précédée de celle-ci : « Ma mémoire était heureuse, je fis de rapides progrès; mais je portais le désordre parmi mes compagnons. » — 7. Chateaubriand a souligné, dans ses *Mémoires*, ce trait de sa nature; de son séjour au collège de Dol, il écrit : « Il arriva [...] que je devins assez vite un centre de réunion : j'exerçai dans la suite, à mon régiment, la même puissance [...]. Je ne sais d'où cela venait, n'était peut-être ma facilité à entrer dans l'esprit et à prendre les mœurs des autres » (II, 1, éd. citée, p. 48).

les abandonnant tout à coup, j'allais m'asseoir à l'écart, pour contempler la nue fugitive, ou entendre la pluie tomber sur le feuillage[1].

» Chaque automne, je revenais au château paternel, situé au milieu des forêts, près d'un lac, dans une province reculée[2].

» Timide et contraint devant mon père[3], je ne trouvais

---

1. Voilà aussi un trait propre à Chateaubriand lui-même, bien qu'on ait pu y percevoir des réminiscences possibles de poètes anglais « préromantiques » (Gray, Thomson, Beattie...), et que Sainte-Beuve ait reconnu l'enfance de René dans ce que Rousseau écrit de la sienne propre : « J'atteignis ainsi ma seizième année, inquiet, mécontent de tout et de moi, sans goûts de mon état, sans plaisirs de mon âge, dévoré de désirs dont j'ignorais l'objet, pleurant sans sujets de larmes, soupirant sans avoir de quoi; enfin caressant tendrement mes chimères, faute de rien voir autour de moi qui les valût. Les dimanches mes camarades venaient me chercher après le prêche pour aller m'ébattre avec eux. Je leur aurais volontiers échappé si j'avais pu : mais une fois en train dans leurs jeux, j'étais plus ardent et j'allais plus loin qu'aucun autre; difficile à ébranler et à retenir » (*Confessions*, livre I, éd. citée p. 41). — 2. Le château de Combourg, tel que le décriront les *Mémoires d'outre-tombe* (I, 7); « la *province reculée* était la Bretagne, les *forêts* un bois, le *lac* un étang » (A. Weil). On sait quel goût Chateaubriand avait pour l'automne (*Mémoires*, III, 12, et voir ici p. 80). — 3. On se rappelle les fameuses « soirées d'automne et d'hiver » dans la grand-salle du château de Combourg, où M. de Chateaubriand, dans son incessante promenade, « transformait en statues » sa femme et ses enfants « saisis de terreur » (*Mémoires*, III, 3). « Sous les regards de mon père », écrit ailleurs l'auteur de *René*, je demeurais immobile et la sueur couvrait mon front » (*Ibid.*, III, 14).

■■

● **Exposition : personnages et décor** (l. 1-56)

① Appréciez la concision de la présentation des personnages : qu'apprenons-nous déjà de René? que symbolisent les deux vieillards auprès de lui? Montrez comment le début du roman souligne son lien avec l'ensemble des *Natchez* tout en le rendant autonome.

② Pourquoi Chateaubriand insiste-t-il sur le fait que l'histoire de René ne sera pas celle de ses « aventures », mais le récit de ses « sentiments » (l. 17-19, 29-31)? Contre quoi veut-il ainsi prémunir son lecteur? N'y a-t-il pas là une allusion à un genre littéraire particulier?

③ L'importance du décor : pourquoi placer dans un tel cadre de nature le récit de René? Montrez que la description du paysage où l'auteur situe ses personnages est conçue comme celle d'un tableau. Pourquoi? Étudiez l'adaptation du style, et en particulier du rythme des phrases, au mouvement même du regard. Chateaubriand paysagiste.

■■

l'aise et le contentement qu'auprès de ma sœur Amélie [1]
Une douce conformité d'humeur et de goûts m'unissai
85 étroitement à cette sœur [2]; elle était un peu plus âgée
que moi [3]. Nous aimions à gravir les côteaux ensemble
à voguer sur le lac, à parcourir les bois à la chute des feuilles
promenades dont le souvenir remplit encore mon âme de
délices. O illusions de l'enfance et de la patrie, ne perdez-vou
90 jamais vos douceurs!

---

1. C'est-à-dire Lucile-Angélique de Chateaubriand, sœur de François-René : voir le
Mémoires, I, 3 et III, 6-8 (texte cité ci-dessous), et notre Introduction p. 28. —
2. « Venons maintenant à moi », écrivait Claire à Julie dans *la Nouvelle Héloïse* (II, v, éd
Coulet-Guyon, Bibl. de la Pléiade, p. 204), « à moi qu'un même sang, un même âge, e'
surtout une parfaite *conformité de goûts et d'humeurs* avec des tempéraments contraire
unit à toi dès l'enfance ». — 3. « Lucile, la quatrième de mes sœurs, avait deux an
de plus que moi », écrit Chateaubriand dans les *Mémoires* (I, 3, éd. citée p. 20). E'
réalité, elle était de quatre ans son aînée, née à Saint-Malo le 7 août 1764.

• **Lucile**

Voici, extraites des *Mémoires d'outre-tombe* (livre III, chap. 5-7
éd. Levaillant-Moulinier t. I, p. 86-88), les pages où Chateau
briand évoque la figure de sa sœur Lucile et la tendre amiti
qui les unissait :

[...] j'étais agité d'un désir de bonheur que je ne pouvais ni régler
ni comprendre; mon esprit et mon cœur s'achevaient de former comm
deux temples vides, sans autels et sans sacrifices; on ne savait encore
quel Dieu y serait adoré. Je croissais auprès de ma sœur Lucile; notre
amitié était toute notre vie.
Lucile était grande et d'une beauté remarquable, mais sérieuse. Son
visage pâle était accompagné de longs cheveux noirs; elle attachai'
souvent au ciel ou promenait autour d'elle des regards pleins de tristesse
ou de feu. Sa démarche, sa voix, son sourire, sa physionomie avaien'
quelque chose de rêveur et de souffrant.
Lucile et moi nous nous étions inutiles [1]. Quand nous parlions du
monde, c'était de celui que nous portions au dedans de nous et qui
ressemblait bien peu au monde véritable. Elle voyait en moi son protec
teur, je voyais en elle mon amie. Il lui prenait des accès de pensées
noires que j'avais peine à dissiper : à dix-sept ans [2], elle déplorait la
perte de ses jeunes années; elle se voulait ensevelir dans un cloître.
Tout lui était souci, chagrin, blessure : une expression qu'elle cherchait,
une chimère qu'elle s'était faite, la tourmentaient des mois entiers.

---

1. Dans le *Manuscrit de 1826*, cette phrase commençait ainsi : « Hormis pou'
nous aimer, Lucile et moi... » — 2. En 1784 — où chronologiquement se situe
cette page, après le retour de Brest à Combourg de François-René — Lucile a
en réalité vingt ans; mais on sait que l'auteur des *Mémoires* la dit son aînée de
de deux ans (I, 3), au lieu de quatre.

Je l'ai souvent vue, un bras jeté sur sa tête, rêver immobile et inanimée; retirée vers son cœur, sa vie cessait de paraître au dehors; son sein même ne se soulevait plus. Par son attitude, sa mélancolie, sa vénusté [1], elle ressemblait à un Génie funèbre. J'essayais alors de la consoler, et l'instant d'après je m'abîmais dans des désespoirs inexplicables.

Lucile aimait à faire seule, vers le soir, quelque lecture pieuse : son oratoire de prédilection était l'embranchement de deux routes champêtres, marqué par une croix de pierre et par un peuplier dont le long style [2] s'élevait dans le ciel comme un pinceau. Ma dévote mère toute charmée, disait que sa fille lui représentait une chrétienne de la primitive Église, priant à ces stations appelées *Laures* [3].

De la concentration de l'âme naissaient chez ma sœur des effets d'esprit extraordinaires : endormie, elle avait des songes prophétiques; éveillée, elle semblait lire dans l'avenir. Sur un palier de l'escalier de la grande tour [4], battait une pendule qui sonnait le temps au silence; Lucile, dans ses insomnies, s'allait asseoir sur une marche, en face de cette pendule : elle regardait le cadran à la lueur de sa lampe posée à terre. Lorsque les deux aiguilles unies à minuit enfantaient dans leur conjonction formidable l'heure des désordres et des crimes, Lucile entendait des bruits qui lui révélaient des trépas lointains. Se trouvant à Paris quelques jours avant le 10 août [5], et demeurant avec mes autres sœurs dans le voisinage du couvent des Carmes [6], elle jette les yeux sur une glace, pousse un cri et dit : « Je viens de voir entrer la mort. » Dans les bruyères de la Calédonie [7], Lucile eût été une femme céleste de Walter Scott, douée de la seconde vue; dans les bruyères armoricaines, elle n'était qu'une solitaire avantagée de beauté, de génie et de malheur.

La vie que nous menions à Combourg, ma sœur et moi, augmentait l'exaltation de notre âge et de notre caractère. Notre principal désennui [8] consistait à nous promener côte à côte dans le grand Mail [9], au printemps sur un tapis de primevères, en automne sur un lit de feuilles séchées, en hiver sur une nappe de neige que bordait la trace des oiseaux, des écureuils et des hermines. Jeunes comme les primevères, tristes comme la feuille séchée, purs comme la neige nouvelle, il y avait harmonie entre nos récréations et nous.

Ce fut dans une de ces promenades, que Lucile, m'entendant parler avec ravissement de la solitude, me dit : « Tu devrais peindre tout cela. » Ce mot me révéla la muse; un souffle divin passa sur moi. Je me mis à bégayer des vers, comme si c'eût été ma langue naturelle; jour et nuit je chantais mes plaisirs, c'est-à-dire mes bois et mes vallons; je composais une foule de petites idylles ou tableaux de la nature. [...]

---

1. Grâce, élégance. Ce latinisme *(venustas)*, fort peu usité, remonte au XVIe siècle. — 2. Grec στῦλος, *colonne*. Acception tout à fait inusitée. — 3. Monastère grec (λαύρα) ou, comme ici, petite chapelle rustique. — 4. Au château de Combourg. — 5. Le 10 août 1792 (prise des Tuileries). — 6. En 1792, Chateaubriand habitait avec sa femme Céleste et ses sœurs Lucile et Julie (comtesse de Farcy) cul-de-sac Férou, proche du *couvent des Carmes* (rue de Vaugirard) où eurent lieu les massacres de Septembre; mais François-René, lui, avait émigré le 15 juillet et rejoint l'armée des Princes. — 7. L'Écosse des poèmes d'Ossian. — 8. Le verbe *désennuyer* n'est pas rare, mais le substantif est en fait emprunté par Chateaubriand à la langue du XVIe siècle. — 9. Proprement, le lieu ou l'allée où l'on joue au *mail* (jeu de *maillet*).

» Tantôt nous marchions en silence, prêtant l'oreille au sourd mugissement de l'automne, ou au bruit des feuilles séchées, que nous traînions tristement sous nos pas [1]; tantôt, dans nos jeux innocents, nous poursuivions l'hiron-
[95] delle [2] dans la prairie, l'arc-en-ciel sur les collines pluvieuses; quelquefois aussi nous murmurions des vers que nous inspirait le spectacle de la nature. Jeune, je cultivais les Muses [3]; il n'y a rien de plus poétique, dans la fraîcheur de ses passions, qu'un cœur de seize années. Le matin de la
[100] vie est comme le matin du jour [4], plein de pureté, d'images et d'harmonies.

» Les dimanches et les jours de fête, j'ai souvent entendu, dans le grand bois, à travers les arbres, les sons de la cloche lointaine qui appelait au temple l'homme des champs.
[105] Appuyé contre le tronc d'un ormeau, j'écoutais en silence le pieux murmure [5]. Chaque frémissement de l'airain portait à mon âme naïve l'innocence des mœurs champêtres, le calme de la solitude, le charme de la religion, et la délectable mélancolie des souvenirs de ma première enfance. Oh!
[110] quel cœur si mal fait n'a tressailli au bruit des cloches de son lieu natal, de ces cloches qui frémirent de joie sur son berceau, qui annoncèrent son avènement à la vie, qui marquèrent le premier battement de son cœur, qui publièrent dans tous les lieux d'alentour la sainte allégresse de son père,
[115] les douleurs et les joies encore plus ineffables de sa mère! Tout se trouve dans les rêveries enchantées où nous plonge

---

1. Armand Weil a remarqué que, dans les *Fragments du « Génie du christianisme » primitif*, publiés en 1838 au t. XXXI de l'éd. Pourrat des *Œuvres complètes*, on pouvait lire dans les pages intitulées *Histoire naturelle* et relatives au chapitre sur la *Migration des oiseaux* (I, v, 7) : « C'est vers le mois de novembre que [...] le vent apporte de toutes parts l'odeur de la *feuille séchée* que le bûcheron solitaire traîne *sous ses pas.* [...] C'est alors que le ramier et la bécasse arrivent [...]; il y a dans le *sourd mugissement* des bois agités par la tempête quelque chose qui charme leurs oreilles » ... (*Génie*, éd. citée t. II, p. 421-422). — 2. Oiseau cher à Chateaubriand, qu'on retrouve dans les *Mémoires*, dans l'*Itinéraire :* « Je me rappelle que, dans mon enfance, je passais des heures entières à voir, avec je ne sais quel secret plaisir, voltiger les hirondelles en automne... » (*Itinéraire*, éd. Regard, t. II, p. 959). Cette phrase (de *tantôt* à *pluviouses*) est une addition de 1805. — 3. Voir p. 54 le texte cité par les *Mémoires d'outre-tombe*. — 4. C'est une image ancienne et banale que celle du *matin de la vie*, mais n'y a-t-il pas ici un écho du portrait que fait Bernardin de Paul et Virginie s'aimant de tendresse innocemment fraternelle? « Au matin de la vie, ils en avaient toute la fraîcheur » (éd. citée, p. 59, l. 288). — 5. Le thème des cloches est fréquent chez les Préromantiques anglais qu'aimait Chateaubriand (Beattie, Gray...), qui a d'ailleurs consacré tout un chapitre du *Génie* (IV, I, 1) aux *Cloches*, et aux « sentiments que faisaient naître les sonneries de nos temples; sentiments d'autant plus beaux, qu'il s'y mêlait un souvenir du ciel » (éd. citée, t. II, p. 56).

le bruit de la cloche natale : religion, famille, patrie, et le berceau et la tombe, et le passé et l'avenir [1].

» Il est vrai qu'Amélie et moi nous jouissions plus que personne de ces idées graves et tendres, car nous avions tous les deux un peu de tristesse au fond du cœur : nous tenions cela de Dieu ou de notre mère [2].

---

1. Texte de 1802 : « *Tout se trouve dans* les réminiscences enchantées que donne *le bruit de la cloche natale,* philosophie, pitié, tendresse, *et le berceau et la tombe, et le passé et l'avenir.* » En 1803, l'auteur anonyme d'une brochure intitulée *Notes critiques, remarques et réflexions sur « le Génie du christianisme »* avait vivement critiqué la « bizarrerie » de ce passage, et Chateaubriand tint compte de ce jugement. — 2. Mme de Chateaubriand était en réalité fort gaie de nature, tout à l'opposé du caractère de son mari : « aimant la société autant qu'il aimait la solitude, aussi pétulante et animée qu'il était immobile et froid, elle n'avait pas un goût qui ne fût opposé à ceux de son mari. La contrariété qu'elle éprouva la rendit mélan-colique, de légère et gaie qu'elle était. Obligée de se taire quand elle eût voulu parler, elle s'en dédommageait par une espèce de tristesse bruyante entrecoupée de soupirs, qui inter-rompaient seuls la tristesse muette de mon père. Pour la piété, ma mère était un ange » (*Mémoires d'outre-tombe,* I, 1, éd. citée, p. 16).

● **L'enfance de René** (l. 57-122)

① Ce que René dit explicitement de son caractère; ce qu'il nous en laisse entendre. Quels traits concourent à faire de lui un héros « tragique »? Appréciez le mélange des souvenirs que Chateaubriand tire de sa propre enfance et des réminis-cences littéraires.

② Ne peut-on discerner, dans ce début de la confession de René, une part d'orgueil, mais aussi un humble appel à la pitié de ceux qui l'écoutent?

③ Précisez tout ce que Chateaubriand entend par cette *conformité d'humeur et de goûts* (l. 84) qui unissait René et Amélie. A quelle harmonie nous rend-il sensible entre leur affection fraternelle et la saison de leurs retrouvailles annuelles, l'automne? Commentez le choix des trois activités « typiques » auxquelles se livrent René et sa sœur (l. 91-97). Que pensez-vous de ces mots rapprochés : « Amélie et moi nous jouissions plus que personne [...], car nous avions tous les deux un peu de tristesse au fond du cœur »?

④ Pourquoi la méditation sur le son des cloches est-elle si développée? Le ton de ce paragraphe (l. 102-118) n'est-il pas très différent de celui du précédent? Caractérisez-en le vocabulaire. Expliquez le sens de la large synthèse que constituent les derniers mots de ce paragraphe : « Tout [...] : religion, famille, patrie, et le berceau et la tombe, et le passé et l'avenir. »

Gravure de Robert de Launay d'après Le Barbier l'aîné
Édition de 1803

Tantôt nous marchions en silence, prêtant l'oreille au sourd mugissement
de l'automne, ou au bruit des feuilles séchées... (l. 91 et suiv.)

» Cependant mon père fut atteint d'une maladie qui le
conduisit en peu de jours au tombeau. Il expira dans mes
125 bras. J'appris à connaître la mort sur les lèvres de celui
qui m'avait donné la vie[1]. Cette impression fut grande;
elle dure encore. C'est la première fois que l'immortalité
de l'âme s'est présentée clairement à mes yeux. Je ne pus
croire que ce corps inanimé était en moi l'auteur de la
130 pensée : je sentis qu'elle me devait venir d'une autre source;
et dans une sainte douleur qui approchait de la joie, j'espérai
me rejoindre un jour à l'esprit de mon père[2].

» Un autre phénomène me confirma dans cette haute
idée. Les traits paternels avaient pris au cercueil quelque
135 chose de sublime[3]. Pourquoi cet étonnant mystère ne
serait-il pas l'indice de notre immortalité? Pourquoi la
mort qui sait tout, n'aurait-elle pas gravé sur le front de
sa victime les secrets d'un autre univers? Pourquoi n'y
aurait-il pas dans la tombe quelque grande vision de
140 l'éternité[4]?

» Amélie accablée de douleur, était retirée au fond d'une
tour, d'où elle entendit retentir, sous les voûtes du château
gothique, le chant des prêtres du convoi et les sons de la
cloche funèbre[5].

145 » J'accompagnai mon père à son dernier asile; la terre se
referma sur sa dépouille; l'éternité et l'oubli le pressèrent
de tout leur poids; le soir même l'indifférent passait sur
sa tombe; hors pour sa fille et pour son fils, c'était déjà
comme s'il n'avait jamais été.

150 » Il fallut quitter le toit paternel, devenu l'héritage de

---

1. La phrase antithétique de René est belle, mais ne recouvre pas ici un souvenir réel de
François-René, qui ne fut présent ni à la mort de son père (le 6 septembre 1786 à Combourg,
d'une attaque d'apoplexie), ni même à ses obsèques (voir *Mémoires d'outre-tombe*, IV, 5) :
il se trouvait alors en garnison à Cambrai, où il apprit la nouvelle par une lettre de Lucile.
— 2. Cette conviction, cette foi en l'immortalité de l'âme s'impose ainsi à René lors d'une
profonde émotion sentimentale : cf. le « j'ai pleuré et j'ai cru » de Chateaubriand lui-même
apprenant la mort de sa mère en 1798 (*Mémoires*, XI, 4). — 3. Cf. dans un des *Fragments
du « Génie du christianisme » primitif* (voir p. 56 note 1), l'*Extrême-Onction :* « A mesure
que le sacrement de délivrance agit sur ce prédestiné, vous voyez ses traits *prendre quelque
chose de sublime* » (éd. citée p. 413-14; cf. *Génie* I, I, 11). — 4. Citant ce paragraphe, Sainte-
Beuve (*Chateaubriand...*, éd. citée, t. I, p. 303) observe que maint poète romantique a mis ici « le pied dans les vestiges de M. de Chateaubriand », tel le Lamartine du
« Crucifix » (*Nouvelles Méditations*). — 5. Souvenirs « arrangés » de Chateaubriand lui-même,
cf. *Mémoires d'outre-tombe*, livre III, chap. 4.

mon frère [1] : je me retirai avec Amélie chez de vieux parents.

» Arrêté à l'entrée des voies trompeuses de la vie [2], je les considérais l'une après l'autre, sans m'y oser engager. Amélie m'entretenait souvent du bonheur de la vie religieuse; elle me disait que j'étais le seul lien qui la retînt dans le monde, et ses yeux s'attachaient sur moi avec tristesse.

» Le cœur ému par ces conversations pieuses, je portais souvent mes pas vers un monastère, voisin de mon nouveau séjour; un moment même j'eus la tentation d'y cacher ma vie [3]. Heureux ceux qui ont fini leur voyage, sans avoir quitté le port, et qui n'ont point, comme moi, traîné d'inutiles jours sur la terre [4] !

» Les Européens incessamment agités, sont obligés de se bâtir des solitudes. Plus notre cœur est tumultueux et bruyant, plus le calme et le silence [5] nous attirent. Ces hospices de mon pays, ouverts aux malheureux et aux faibles, sont souvent cachés dans des vallons qui portent au cœur le vague sentiment de l'infortune, et l'espérance d'un abri; quelquefois aussi on les découvre sur de hauts sites [6] où l'âme religieuse, comme une plante des montagnes [7], semble s'élever vers le ciel pour lui offrir ses parfums.

» Je vois encore le mélange majestueux des eaux et des bois de cette antique abbaye où je pensai dérober ma vie aux caprices du sort; j'erre encore au déclin du jour dans ces

---

1. Six mois après la mort de M. de Chateaubriand, la famille se réunit à Combourg pour régler le partage; «cela fait, dit l'auteur des *Mémoires d'outre-tombe* (IV, 7), nous nous dispersâmes, comme des oiseaux s'envolent du nid paternel». Mais le domaine de Combourg resta indivis. — 2. L'expression *les voies de la vie* est biblique : « Tu m'apprendras les voies de la vie » (*Psaumes*, XVI, 11). — 3. François-René, lui aussi, à quinze ans, avait déclaré à ses parents sa « volonté ferme d'embrasser l'état ecclésiastique »; mais, ajoute-t-il, « la vérité est que je ne cherchais qu'à gagner du temps, car j'ignorais ce que je voulais » (*Mémoires*, III, 2). — 4. Chateaubriand a souvent exprimé cette idée : « Heureux ceux qui meurent au berceau [...]! » (*Atala*, éd. Bordas, p. 65); « Heureux celui dont la vie est *tombée en fleurs!* » (*Vie de Rancé*, éd. Regard, p. 1148)... Le thème de la vanité des voyages réels lui est également familier : « Tout se réduit souvent, pour le voyageur, dit Chactas à René dans *les Natchez* (livre I), à échanger dans la terre étrangère des illusions contre des souvenirs » (éd. Regard, p. 173). — 5. Texte de 1802 : « *le silence* des déserts. » — 6. Cf. *Génie du christianisme* (III, v, 2) : « Les premiers Solitaires, livrés à ce goût délicat et sûr de la religion, qui ne trompe jamais lorsqu'on n'y mêle rien d'étranger, ont choisi dans les diverses parties du monde les sites les plus frappants, pour y fonder leurs monastères. [...] Nourris par la religion, entre la terre et le firmament, sur ces roches escarpées, c'est là que de pieux Solitaires prennent leur vol vers le ciel comme des aigles de la montagne. [...] Tout le monde a vu en Europe de vieilles abbayes cachées dans les bois, où elles ne se décèlent aux voyageurs que par leurs clochers perdus dans la cime des chênes. » Et Chateaubriand ajoute qu'il a parlé « des couvents européens dans l'histoire de René, et retracé quelques-uns de leurs effets, au milieu des scènes de la nature » (éd. citée, t. II, p. 34-36). — 7. Texte de 1802 : « *une plante* aromatique *des montagnes* ».

¹⁷⁵ cloîtres retentissants et solitaires ¹. Lorsque la lune éclairait
à demi les piliers des arcades, et dessinait leur ombre sur
le mur opposé, je m'arrêtais à contempler la croix qui
marquait le champ de la mort ², et les longues herbes qui
croissaient entre les pierres des tombes. O hommes, qui
¹⁸⁰ ayant vécu loin du monde, avez passé du silence de la vie
au silence de la mort, de quel dégoût de la terre vos tombeaux ³ ne remplissaient-ils point mon cœur !

---

1. Armand Weil rapprochait de cette page ces remarques de M. des Arcis, dans *Jacques le Fataliste* : « Il vient un moment où presque toutes les jeunes filles et les jeunes garçons tombent dans la mélancolie; ils sont tourmentés d'une inquiétude vague qui se promène sur tout, et qui ne trouve rien qui la calme. Ils cherchent la solitude; ils pleurent; le silence des cloîtres les touche; l'image de la paix qui semble régner dans les maisons religieuses les séduit. Ils prennent pour la voix de Dieu qui les appelle à lui les premiers efforts d'un tempérament qui se développe : et c'est précisément lorsque la nature les sollicite, qu'ils embrassent un genre de vie contraire au vœu de la nature » (*Œuvres* de Diderot, éd. Billy, Bibl. de la Pléiade, p. 652). — 2. Le cimetière. — 3. Texte de 1802 : « *de quelle* philosophie mélancolique *vos tombeaux...* ».

■■

- **La tentation du monastère** (l. 123-182)

① La mort de son père n'est-elle pas pour René la cause d'une vraie conversion? En rapprochant son processus de celui du retour à la foi de Chateaubriand lui-même, tel qu'il le situe au moment où il apprit la mort de sa mère (« J'ai pleuré et j'ai cru », *Mém. d'o.-t.*, XI, 4), vous réfléchirez sur la nature et les racines du christianisme de l'écrivain.

② Distinguez les deux « preuves » de l'immortalité de l'âme qu'accepte ici René; sont-elles du même ordre? Étudiez la différence stylistique entre les deux paragraphes (l. 123-132 et 133-140).

③ Étudiez la construction de ce passage, et en quoi les lignes centrales (141-151) signifient la fin de l'enfance, entre la mort du dernier parent et la première tentation qui survient « à l'entrée des voies trompeuses de la vie ». Chateaubriand veut-il souligner une différence d'attitude entre René et Amélie?

④ Que pensez-vous de la vocation religieuse de René, et de la façon dont il la raconte ici?

⑤ Importance des images dans les lignes 163-182 : étudiez-y l'art du contraste, et la dialectique de l'immobilité et de l'action dont joue Chateaubriand.

⑥ L'explication que propose René de l'emplacement des couvents : qu'en pensez-vous? En voyez-vous une autre, d'ordre économique? Comparez cette analyse de l'inquiétude religieuse et de la tentation du cloître chez les jeunes gens avec celle de Diderot (voir ci-dessus, note 1).

■■

» Soit inconstance naturelle, soit préjugé contre la vie monastique, je changeai mes desseins; je me résolus à
[185] voyager [1]. Je dis adieu à ma sœur; elle me serra dans ses bras avec un mouvement qui ressemblait à de la joie, comme si elle eût été heureuse de me quitter [2]; je ne pus me défendre d'une réflexion amère sur l'inconséquence des amitiés humaines.

[190] » Cependant, plein d'ardeur, je m'élançai seul sur cet orageux océan du monde, dont je ne connaissais ni les ports, ni les écueils. Je visitai d'abord les peuples qui ne sont plus : je m'en allai m'asseyant sur les débris de Rome et de la Grèce [3] : pays de forte et d'ingénieuse [4] mémoire, où les
[195] palais sont ensevelis dans la poudre [5], et les mausolées des rois cachés sous les ronces. Force de la nature, et faiblesse de l'homme : un brin d'herbe perce souvent le marbre le plus dur de ces tombeaux, que tous ces morts, si puissants, ne soulèveront jamais [6] !

[200] » Quelquefois une haute colonne se montrait seule debout dans un désert, comme une grande pensée s'élève, par intervalles, dans une âme que le temps et le malheur ont dévastée [7].

» Je méditai sur ces monuments dans tous les accidents
[205] et à toutes les heures de la journée. Tantôt ce même soleil

---

1. On sait que les motifs exacts qui poussèrent Chateaubriand en 1791 à partir pour l'Amérique sont encore très controversés, mais il est probable qu'il espérait, entre autres rêves, que « son penchant inné pour la solitude et pour la liberté » se satisferait « au cours de longues chevauchées à travers des régions à demi désertes » (R. Lebègue, « Réalités et résultats du voyage de Chateaubriand en Amérique », *R. H. L. F.*, nov.-déc. 1968, p. 907). — 2. Première allusion, fort mystérieuse, au « malentendu » qui ira s'épaississant entre René et Amélie jusqu'à la révélation finale. — 3. Pour René, Chateaubriand ne connaît encore ni *Rome* (où il ira pour la première fois en 1803, comme secrétaire de la légation française) ni *la Grèce* (il ne verra Athènes qu'en août 1806, en route pour Jérusalem). « René ne fait autre chose que tracer ici (et c'est sa gloire d'avoir été le premier à le concevoir et à le remplir) l'itinéraire poétique que tous les talents de notre âge suivront », remarquera Sainte-Beuve; « car tous, à commencer par Chateaubriand lui-même qui n'exécuta que plus tard ce qu'il avait supposé dans *René*, ils parcourront avec des variantes d'impressions le même cercle, et recommenceront le même pèlerinage : l'Italie, la Grèce, l'Orient » (*Chateaubriand...*, éd. citée, t. I, p. 305.) — 4. Douée de *génie*. — 5. La poussière (vocabulaire classique noble). — 6. On a pu déceler ici un souvenir possible de Juvénal (*Satire*, X, v. 144-145), qui parle des « pierres, gardiennes des cendres, que la faible tige d'un figuier sauvage suffit à désagréger » (F. Letessier). Mais les variations sur le thème des ruines sont, on le sait, fort courantes dès la seconde moitié du XVIIIe siècle : *cf.* les *Salons* de Diderot, *les Ruines* (1791) de Volney... — 7. « On a fort critiqué dans le temps cette comparaison, comme expliquant le réel par l'abstrait, le plus connu par ce qui l'est moins. La critique, dans le cas présent, me paraît tomber à faux. Il est naturel à René de mieux connaître encore son désert intérieur que celui de la Campagne romaine, et d'y tout rapporter. Cela lui est plus commode et plus familier. Il sait mieux les réalités du dedans que les ombres et les phénomènes du dehors » (Sainte-Beuve, *op. cit.*, p. 304).

qui avait vu jeter les fondements de ces cités, se couchait
majestueusement, à mes yeux, sur leurs ruines; tantôt
la lune se levant dans un ciel pur, entre deux urnes cinéraires
à moitié brisées, me montrait les pâles tombeaux. Souvent
210 aux rayons de cet astre qui alimente les rêveries, j'ai cru
voir le Génie des souvenirs [1], assis tout pensif à mes côtés.

» Mais je me lassai de fouiller dans des cercueils, où [2]
je ne remuais trop souvent qu'une poussière criminelle [3].

» Je voulus voir si les races vivantes m'offriraient plus de
215 vertus, ou moins de malheurs que les races évanouies [4].
Comme je me promenais un jour dans une grande cité, en
passant derrière un palais, dans une cour retirée et déserte,
j'aperçus une statue qui indiquait du doigt un lieu fameux

1. A. Weil a distingué ici un probable souvenir de l'ouvrage de l'idéologue Volney (1757-
1820) qui, paru en 1791, eut un immense succès dans toute l'Europe : *Les Ruines, ou Méditations sur les révolutions des empires.* Rêvant sur les ruines de Palmyre, le narrateur voit
apparaître « dans le mélange du clair-obscur de la lune, [...] au travers des colonnes d'un
temple voisin, [...] le Génie des tombeaux et des ruines » (qui va lui révéler avec emphase
les causes de la chute des empires et le destin de l'humanité future : confusion des tyrans
et des prêtres, avènement du droit des peuples, règne des constitutions démocratiques).
Cf. le *génie funèbre* auquel est comparée Lucile (p. 54). — 2. Texte de 1802 : « *fouiller dans des
monuments, où...* » — 3. Les cendres d'hommes coupables de crimes. — 4. Texte de 1802 :
« Des songes des *races évanouies*, je revins aux illusions des *races vivantes.* »

▪▪

● **L'expérience des voyages** (l. 183-229)

① Précisez le sentiment qui fait se détourner René de la vie
monastique pour entreprendre des voyages. L'explique-t-il
lui-même nettement?

② Chateaubriand renouvelle-t-il ici le thème des ruines si
fréquemment exploité au XVIIIᵉ siècle?

③ La pensée de René sur la mort évolue-t-elle dans ses expé-
riences successives (mort de son père, méditation sur les cloîtres,
sur les ruines, sur les monuments plus récents)?

④ Étudiez, à partir de ce passage et dans tout le roman,
le développement de la méditation de l'auteur sur le temps et la
mort. Dans quelle tradition chrétienne se situe-t-elle?

⑤ Pourquoi Chateaubriand a-t-il choisi de faire visiter à son
héros Rome et la Grèce, qu'il ne connaît pas encore lui-même?
Pourquoi, dans le passage sur la statue de Jacques II, qui est
un souvenir personnel (voir p. 64, note 1, et les documents
cités p. 64), reste-t-il au contraire si vague que, n'était la
note 1, p. 64, le lecteur ne pourrait deviner que la
« grande cité » est Londres et la statue, celle du roi supplicié?

▪▪

par un sacrifice [1]. Je fus frappé du silence de ces lieux; le
220 vent seul gémissait [2] autour du marbre tragique. Des
manœuvres étaient couchés avec indifférence au pied de
la statue, ou taillaient des pierres en sifflant. Je leur demandai ce que signifiait ce monument : les uns purent à
peine me le dire, les autres ignoraient la catastrophe qu'il
225 retraçait. Rien ne m'a plus donné la juste mesure des
événements de la vie, et du peu que nous sommes. Que
sont devenus ces personnages qui firent tant de bruit?
Le temps a fait un pas, et la face de la terre a été
renouvelée [3].

---

1. « A Londres, derrière Withall, la statue de Jacques II » (note de Chateaubriand).
Voir les textes cités ci-dessus. Il s'agit bien de la statue du roi Jacques II, œuvre de Grinling
Gibbons, érigée en 1686 dans une cour de Whitehall pour rappeler le souvenir de
l'exécution du roi Charles Ier, décapité en ce lieu même, sur l'ordre de Cromwell,
en 1649. Dans les éd. de *René* antérieures à 1805, on lit ici le nom de *Charles II;* dans
le texte des *Œuvres complètes* de 1826, Chateaubriand reviendra sur sa correction et rétablira
Charles II au lieu de *Jacques II* (mais il rectifiera l'orthographe de *White-Hall*). La note
de 1805 prouve bien que Chateaubriand n'a pas confondu par erreur les deux fils du roi
décapité qui régnèrent successivement, Charles II de 1660 à 1685, Jacques II de 1685 à 1688,
mais qu'il a choisi de rendre la scène plus frappante en mettant face à face un Charles mort
et un Charles vivant... (Voir M. Duchemin, *Chateaubriand*, Vrin, Paris 1938, p. 59-76). —
2. Texte de 1802 : « *du silence* qui régnait en *ces lieux*, et que ne troublaient point les plaintes
du vent, qui *gémissait...* » — 3. Expression biblique : « Tu renouvelles la face de la terre »,
est-il dit dans un hymne à Yahvé (*Psaumes*, CIV, 30).

▪▪

● La statue de Jacques II (l. 218)

La *statue qui indiquait du doigt un lieu fameux par un sacrifice*
frappa réellement l'imagination de Chateaubriand lors de son
séjour d'émigré à Londres. Il évoqua ce souvenir dès 1797 dans
l'*Essai sur les révolutions* (II, XVI, en note), puis dans un
article publié par *le Mercure de France* en juillet 1801 (*De
l'Angleterre et des Anglais*, recueilli au t. VI des *Œuvres
complètes*), et l'introduisit dans *René*; enfin, plus brièvement,
dans les *Mémoires d'outre-tombe* (VI, 1) et dans la *Vie de Rancé* [1]
(éd. Regard, p. 1076). La comparaison de ces textes successifs
est intéressante.

Essai sur les révolutions (1797)

Les temps dans lesquels nous vivons et la nature de mes études m'ont
fait désirer de voir l'endroit où Charles Ier fut exécuté. Je demeurais
alors dans le Strand [2]. J'arrivai, après bien des passages déserts, par
des derrières de maisons et des allées obscures, jusqu'au lieu où l'on a
érigé très impolitiquement la statue de Charles II montrant du doigt
le pavé arrosé du sang de son père. A la vue des fenêtres murées de

---

1. Début du livre III. — 2. Avenue du centre de Londres, qui part de Trafalgar
Square.

Whitehall, de cet emplacement qui n'est plus une rue, mais qui forme avec les bâtiments environnants une espèce de cour, je me sentis le cœur serré et oppressé de mille sentiments. Je me figurais un échafaud occupant le terrain de la statue, les gardes anglaises formant un bataillon carré, et la foule se pressant au loin derrière. Il me semblait voir tous ces visages, les uns agités par une joie féroce, les autres par le sourire de l'ambition, le plus grand nombre par la terreur et la pitié; et maintenant ce lieu si calme, si solitaire, où il n'y avait que moi et quelques manœuvres qui équarrissaient des pierres en sifflant avec insouciance. Que sont devenus ces hommes célèbres, ces hommes qui remplirent la terre du bruit de leur nom et de leurs crimes, qui se tourmentaient comme s'ils eussent dû exister toujours? J'étais sur le lieu même où s'était passée une des scènes les plus mémorables de l'histoire : quelles traces en restait-il? C'est ainsi que l'étranger, dans quelques années, demandera le lieu où périt Louis XVI [1], et à peine des nations indifférentes pourront le lui dire. Je regagnai mon appartement plein de philosophie et de tristesse, et plus que jamais convaincu par mon pèlerinage de la vanité de la vie, et du peu, du très peu d'importance de ses plus grands événements.

De l'Angleterre et des Anglais (1801)

Souvent, en revenant de mes courses autour de Londres, j'ai passé derrière *Withall*, dans l'endroit où Charles fut décapité. Ce n'est plus qu'une cour abandonnée, où l'herbe croît entre les pierres. Je m'y suis quelquefois arrêté pour entendre le vent gémir autour de la statue de Charles second, qui montre du doigt la place où périt son père. Je n'ai jamais vu dans ces lieux que des ouvriers qui taillaient des pierres, en sifflant. Leur ayant demandé un jour ce que signifiait cette statue, les uns purent à peine me le dire, et les autres n'en savaient pas un mot. Rien ne m'a plus donné la juste mesure des événements de la vie humaine et du peu que nous sommes. Que sont devenus ces personnages qui firent tant de bruit? Le temps a fait un pas et la face de la terre a été renouvelée. A ces générations divisées par les haines politiques, ont succédé des générations indifférentes au passé, mais qui remplissent le présent de nouvelles inimitiés qu'oublieront encore les générations qui doivent suivre.

Mémoires d'outre-tombe (1822)

Quand je me rendais chez lord Liverpool [2], j'avais de la peine à retrouver l'espace vide de l'échafaud de Charles Ier; des bâtisses nouvelles, resserrant la statue de Charles II, s'étaient avancées avec l'oubli sur des événements mémorables.

Vie de Rancé (1844)

J'ai vu à la Trappe un ormeau du temps de Rancé [3] : les religieux ont grand soin de ce vieux lare [4] qui indique les cendres paternelles mieux que la statue de Charles II n'indique l'immolation de Charles Ier.

---

1. La place de la Révolution (ancienne place Louis XV et future place de la Concorde). — 2. Le livre VI des *Mémoires* a été composé à « Londres, d'avril à septembre 1822 ». Chateaubriand y est alors ambassadeur de France et doit donc souvent se rendre *chez lord Liverpool*, premier ministre du roi George IV. — 3. C'est en 1663 que *Rancé* (1626-1700) fonda la première *Trappe*. — 4. Les *lares*, chez les Romains, étaient les dieux domestiques; c'était aussi le nom de certains génies tutélaires.

230 » Je recherchai surtout dans mes voyages les artistes et ces hommes divins qui chantent les Dieux sur la lyre, et la félicité des peuples qui honorent les lois, la religion et les tombeaux.

» Ces chantres sont de race divine, ils possèdent le seul
235 talent incontestable dont le ciel ait fait présent à la terre [1]. Leur vie est à la fois naïve et sublime; ils célèbrent les Dieux avec une bouche d'or [2], et sont les plus simples des hommes; ils causent comme des immortels ou comme de petits enfants; ils expliquent les lois de l'univers, et ne
240 peuvent comprendre les affaires les plus innocentes de la vie; ils ont des idées merveilleuses de la mort, et meurent, sans s'en apercevoir, comme des nouveau-nés.

» Sur les monts de la Calédonie [3], le dernier Barde [4] qu'on ait ouï dans ces déserts me chanta les poèmes dont
245 un héros consolait jadis sa vieillesse [5]. Nous étions assis sur quatre pierres rongées de mousse; un torrent coulait à nos pieds; le chevreuil paissait à quelque distance parmi les débris d'une tour, et le vent des mers sifflait sur la bruyère de Cona [6]. Maintenant la religion chrétienne, fille aussi des
250 hautes montagnes, a placé des croix sur les monuments des héros de Morven [7], et touché la harpe de David [8], au bord du même torrent où Ossian fit gémir la sienne. Aussi pacifique que les divinités de Selma [9] étaient guerrières, elle garde des troupeaux où Fingal livrait des combats, et

---

1. Idée-force de toute la génération romantique : Sainte-Beuve mettra cette phrase en épigraphe à l'une de ses *Poésies de Joseph Delorme.* Mais le thème du « poète divin », voire « devin », se trouve déjà chez Chénier, Bernardin de Saint-Pierre, et plus haut dans le XVIIIᵉ siècle, et, bien avant, chez Ronsard ou même chez les Anciens (v. l'étymologie même de *poète* signifiant « créateur », et l'*Ion* de Platon). — 2. C'est l'épithète grecque *chrysostomos* : « à la bouche d'or », celle-là même du rhéteur Dion et surtout de saint Jean d'Antioche. — 3. Nom ancien de l'Écosse, repris dans les poèmes d'Ossian, dont le paragraphe qui commence ici est tout pénétré (sur Ossian, voir notre introduction p. 26). — 4. Poète, chez les anciens Celtes (le mot est d'origine celtique). — 5. Cet « ancien héros » qui consolait ainsi « sa vieillesse solitaire » (texte de 1802) est évidemment Ossian. — 6. *Cona*, lande du royaume de Fingal. Cf. l'*Essai sur les révolutions* (II, 54), où Chateaubriand évoque son escale à l'île Saint-Pierre, aux abords du continent américain en 1791, avec son compagnon Francis Tulloch : « L'imagination sensible de mon ami se plaisait à ces scènes sombres et romantiques : quelquefois, errant au milieu des nuages et des bouffées de vent, en entendant les mugissements d'une mer que nous ne pouvions découvrir, égarés sur une bruyère laineuse et morte, au bord d'un torrent rouge qui roulait entre des rochers, T. s'imaginait être le Barde de Cona; et en sa qualité de demi-Écossais, il se mettait à déclamer des passages d'Ossian, pour lesquels il improvisait des airs sauvages [...]. Je me souviens que nous passâmes toute une après-dînée à élever quatre grosses pierres, en mémoire d'un malheureux célébré dans un petit épisode à la manière d'Ossian. » Voir aussi *Génie*, IV, II, 4 : « La Calédonie, ou l'ancienne Écosse » (éd. Reboul, t. II, p. 91-92). — 7. Montagne de Calédonie, dont Fingal, père d'Ossian, est le roi. — 8. Le roi *David* jouait de la *harpe;* ce thème est classique dans l'iconographie chrétienne. — 9. Séjour du roi Fingal.

²⁵⁵ elle a répandu des anges de paix, dans les nuages qu'habitaient des fantômes homicides.

» L'ancienne et riante Italie m'offrit la foule de ses chefs-d'œuvre. Avec quelle sainte et poétique horreur j'errais dans ces vastes édifices consacrés par les arts à la religion!
²⁶⁰ Quel labyrinthe de colonnes! Quelle succession d'arches et de voûtes! Qu'ils sont beaux ces bruits qu'on entend autour des dômes[1], semblables aux rumeurs des flots dans l'Océan, aux murmures des vents dans les forêts, ou à la voix de Dieu dans son temple! L'architecte bâtit, pour ainsi dire,
²⁶⁵ les idées du poète et les fait toucher aux sens[2].

» Cependant qu'avais-je appris jusqu'alors avec tant de fatigue? Rien de certain parmi les anciens, rien de beau parmi les modernes. Le passé et le présent sont deux statues incomplètes: l'une a été retirée toute mutilée du débris
²⁷⁰ des âges; l'autre n'a pas encore reçu sa perfection de l'avenir.

» Mais peut-être, mes vieux amis, vous surtout, habitants du désert[3], êtes-vous étonnés que, dans ce récit de mes voyages, je ne vous aie pas une seule fois entretenus des monuments de la nature?
²⁷⁵ » Un jour, j'étais monté au sommet de l'Etna, volcan qui brûle au milieu d'une île[4]. Je vis le soleil se lever dans l'immensité de l'horizon au-dessous de moi, la Sicile resserrée comme un point à mes pieds, et la mer déroulée au loin dans les espaces. Dans cette vue perpendiculaire du tableau,
²⁸⁰ les fleuves ne me semblaient plus que des lignes géographiques tracées sur une carte; mais, tandis que d'un côté

---

1. Malgré la « couleur locale » de ce mot (les *dômes* de Florence, Milan..., c'est-à-dire les cathédrales), cette évocation reste bien vague, d'une Italie que Chateaubriand ne connaît pas encore (voir p. 62, n. 3). — 2. Cf. ce que dit Chateaubriand des églises gothiques dans le *Génie du christianisme* : « L'architecte chrétien, non content de bâtir des forêts, a voulu, pour ainsi dire, en imiter les murmures; et, au moyen de l'orgue et du bronze suspendu, il a attaché au temple gothique jusqu'au bruit des vents et des tonnerres, qui roule dans la profondeur des bois. Les siècles, évoqués par ces sons religieux, font sortir leurs antiques voix du sein des pierres. et soupirent dans la vaste basilique : le sanctuaire mugit comme l'antre de l'ancienne Sibylle; et, tandis que l'airain se balance avec fracas sur votre tête, les souterrains voûtés de la mort se taisent profondément sous vos pieds » (III, ı, 8, éd. citée, t. I, p. 401). — 3. Dans les éd. précédentes, René ne s'adressait qu'à Chactas : « sage Chactas » (1802), « sage habitant du désert » (1803-1804), lisait-on à la place de *habitants du désert*. — 4. La Sicile. On a pu se demander d'où était venue à Chateaubriand l'idée d'emmener René au sommet de l'Etna; R. Lebègue (art. de 1948, voir notre bibliographie) a montré que l'Anglais Brydone avait mis à la mode l'ascension de l'*Etna* avec la relation qu'il en fit dans son livre paru en 1733 (trad. en français en 1776) et dont le succès fut grand. Du haut de l'Etna, écrivait Brydone, « nous contemplons toute la Sicile comme *sur une carte* (cf. l. 281)... » Le 5 janvier 1804, Chateaubriand fera, lui, l'ascension du Vésuve et se décrira « écrivant assis à la bouche du volcan ».

mon œil apercevait ces objets, de l'autre il plongeait dans le cratère de l'Etna, dont je découvrais les entrailles brûlantes, entre les bouffées d'une noire vapeur.

285 » Un jeune homme plein de passions, assis sur la bouche d'un volcan, et pleurant sur les mortels dont à peine il voyait à ses pieds les demeures, n'est sans doute, ô vieillards, qu'un objet digne de votre pitié; mais, quoi que vous puissiez penser de René, ce tableau vous offre l'image de 290 son caractère et de son existence : c'est ainsi que toute ma vie j'ai eu devant les yeux une création à la fois immense et imperceptible, et un abîme ouvert à mes côtés [1]. »

En prononçant ces derniers mots, René se tut, et tomba subitement dans la rêverie [2]. Le père Souël le regardait avec 295 étonnement; et le vieux Sachem aveugle qui n'entendait plus parler le jeune homme, ne savait que penser de ce silence.

René avait les yeux attachés sur un groupe d'Indiens qui passaient gaiement dans la plaine. Tout à coup sa physio-300 nomie s'attendrit, des larmes coulent de ses yeux, il s'écrie :

« Heureux sauvages [3]! Oh! que ne puis-je jouir de la paix qui vous accompagne toujours! Tandis qu'avec si peu de fruit je parcourais tant de contrées, vous, assis tranquillement sous vos chênes, vous laissiez couler les jours sans les compter 305 Votre raison n'était que vos besoins, et vous arriviez, mieux que moi, au résultat de la sagesse, comme l'enfant, entre les jeux et le sommeil. Si cette mélancolie qui s'engendre de l'excès du bonheur atteignait quelquefois votre âme bientôt vous sortiez de cette tristesse passagère, et votre

---

1. Souvenirs évidents des deux infinis de Pascal (*Pensées*, éd. Brunschvicg fr. 72, Lafuma fr. 390) dans cette *création à la fois immense et imperceptible* et dans cet *abîme ouvert à me côtés*. — 2. Texte de 1802 : « René sentit la parole distraite se perdre sur sa langue immobile. » — 3. Cette apostrophe au « bon sauvage » illustre un thème qui inspira fréquemment littéra teurs et philosophes au XVIIIe siècle; l'influence de Rousseau est ici très sensible.

[310] regard levé vers le Ciel, cherchait avec attendrissement ce je ne sais quoi inconnu qui prend pitié du pauvre sauvage [1]. »

---

1. Cf. l'*Essai sur les révolutions* (I, 46) : « Ainsi je l'ai vu sous les érables de l'Érié, ce favori de la nature qui sent beaucoup et pense peu, qui n'a d'autre raison que ses besoins, et qui arrive au résultat de la philosophie comme l'enfant, entre les jeux et le sommeil. [...] je l'ai souvent observé, jetant un regard attendri et reconnaissant vers le ciel, comme s'il eût cherché ce je ne sais quoi inconnu, qui prend pitié du pauvre Sauvage. »

- **La poésie, les arts, la nature** (l. 230-292)

① La fonction romantique du poète : quels en sont les traits essentiels pour Chateaubriand? L'idée du poète-voyant est-elle nouvelle?

② Appréciez la place de l'épisode « ossianique » (l. 243-256) entre les relations de voyage qui le précèdent et le suivent. Les deux évocations de l'Italie (l. 192 et suiv., 257 et suiv.) ont-elles le même but? Justifiez le déroulement des souvenirs de René.

③ Que pensez-vous de la formule (l. 264) : *L'architecte bâtit [...] les idées du poète*? Comparez l'idée aux réflexions sur l'architecture d'un autre poète, Paul Valéry.

④ Commentez : « Rien de certain parmi les anciens, rien de beau parmi les modernes ». Chateaubriand prend-il à son compte ce jugement de René (l. 267)?

⑤ René sur la bouche de l'Etna : étudiez la composition de ce tableau (en quoi offre-t-il « l'image du caractère et de l'existence » de René?); le sens plastique et dramatique de l'attitude. Discernez-vous ici un sentiment proche de celui de Pascal méditant sur *les deux infinis*?

- **« Heureux sauvages! »** (l. 293-332)

⑥ Que signifie la double interruption (p. 68-69) du récit de René? Quelle est la place — et l'utilité — de ce passage dans le roman? Comment est-il construit?

⑦ Comment Chateaubriand exploite-t-il le mythe du bon et heureux sauvage? Pouvez-vous préciser où se marque l'influence de Rousseau dans cet éloge de la vie primitive?

⑧ D'après ce que nous avons appris jusqu'ici du caractère de René, l'idéal de vie qu'il évoque ici paraît-il de nature à lui convenir, à lui apporter le bonheur?

⑨ Étudiez les raisons qui, dans la réplique de Chactas, peuvent inciter René à poursuivre sa confession.

Ici la voix de René expira de nouveau, et le jeune homme pencha la tête sur sa poitrine. Chactas, étendant le bras dans l'ombre, et prenant le bras de son fils, lui cria d'un
315 ton ému : « Mon fils ! mon cher fils ! » A ces accents, le frère d'Amélie [1] revenant à lui, et rougissant de son trouble, pria son père [2] de lui pardonner.

Alors le vieux sauvage : « Mon jeune ami, les mouvements d'un cœur comme le tien ne sauraient être égaux ; modère
320 seulement ce caractère [3] qui t'a déjà fait tant de mal. Si tu souffres plus qu'un autre des choses de la vie, il ne faut pas t'en étonner ; une grande âme doit contenir plus de douleur qu'une petite. Continue ton récit. Tu nous as fait parcourir une partie de l'Europe, fais-nous connaître ta
325 patrie. Tu sais que j'ai vu la France, et quels liens m'y ont attaché : j'aimerai à entendre parler de ce grand Chef [4], qui n'est plus, et dont j'ai visité la superbe cabane [5]. Mon enfant, je ne vis plus que par la mémoire [6]. Un vieillard avec ses souvenirs, ressemble au chêne décrépit de nos bois :
330 ce chêne ne se décore plus de son propre feuillage, mais il couvre quelquefois sa nudité des plantes étrangères qui ont végété sur ses antiques rameaux [7]. »

Le frère d'Amélie, calmé par ces paroles, reprit ainsi l'histoire de son cœur :

---

1. Cette périphrase est d'un emploi constant dans *les Natchez*. Mais elle a évidemment ici un effet particulier. — 2. Il faut entendre : *son père* adoptif (voir p. 49, note 4). — 3. Texte de 1802 : « tâche seulement de modérer cette ardeur de caractère ». — 4. « Louis XIV » (note de Chateaubriand). — 5. C'est-à-dire le château de Versailles ; aux livres VI, VII et VIII des *Natchez*, Chactas a raconté à René son voyage en France et notamment sa visite au château de Versailles, la « hutte du chef des chefs » où il s'était entretenu avec « le Soleil assis comme un génie sur je ne sais quoi qu'on appelait un trône » (livre VI, éd. Regard, p. 244). — 6. Cf. *Mémoires d'outre-tombe*, II, 1 : « O misère de nous ! notre vie est si vaine qu'elle n'est qu'un reflet de notre mémoire. » (Éd. citée, t. I, p. 50). — 7. Dans une des *Fragments du « Génie du christianisme »* primitif publié en 1838 sous le titre *Fragment d'un épisode*, on peut déjà lire ces mots, adressés par « le vieux Sauvage » au « jeune Européen » : « O mon fils ! si je fleuris encore aujourd'hui, ce n'est plus que par la mémoire : un vieillard avec ses souvenirs ressemble à l'arbre décrépit de nos bois, qui ne se décore plus de son propre feuillage, mais qui couvre quelquefois sa nudité de la verdure des plantes qui ont végété sur ses antiques rameaux » (éd. citée, t. II, p. 488). Cette comparaison du vieillard au chêne décrépit, dépouillé de ses rameaux, qu'on rencontre souvent dans *les Natchez*, est d'origine homérique et surtout ossianique.

Gravure de F. Delannoy d'après G. Staal

Un jour je m'étais amusé à effeuiller une branche
de saule sur un ruisseau... (l. 443 et suiv.)

335   « Hélas! mon père, je ne pourrai t'entretenir de ce grand
siècle dont je n'ai vu que la fin dans mon enfance, et qui
n'était plus lorsque je rentrai dans ma patrie. Jamais un
changement plus étonnant et plus soudain ne s'est opéré [1]
chez un peuple. De la hauteur du génie, du respect pour la
340 religion, de la gravité des mœurs, tout était subitement descendu à la souplesse de l'esprit, à l'impiété, à la corruption [2].

» C'était donc bien vainement que j'avais espéré retrouver
dans mon pays de quoi calmer cette inquiétude, cette ardeur
de désir qui me suit partout [3]. L'étude du monde ne m'avait
345 rien appris, et pourtant je n'avais plus la douceur de l'ignorance [4].

» Ma sœur, par une conduite inexplicable, semblait se
plaire à augmenter mon ennui [5]; elle avait quitté Paris
quelques jours avant mon arrivée. Je lui écrivis que je
350 comptais l'aller rejoindre; elle se hâta de me répondre pour
me détourner de ce projet, sous prétexte qu'elle était incertaine du lieu où l'appelleraient ses affaires. Quelles tristes
réflexions ne fis-je point alors sur l'amitié [6], que la présence
attiédit, que l'absence efface, qui ne résiste point au mal-
355 heur, et encore moins à la prospérité!

» Je me trouvai bientôt plus isolé dans ma patrie, que je ne
l'avais été sur une terre étrangère [7]. Je voulus me jeter
pendant quelque temps dans un monde qui ne me disait

---

1. Texte de 1802 : « Jamais une métamorphose plus étonnante et plus soudaine ne s'est opé-
rée. » — 2. Dès avant que d'en tirer argument, une fois converti, en faveur de la restauration
du christianisme, Chateaubriand a souvent souligné la corruption du Siècle des Lumières, sa
décadence morale par rapport au Siècle de Louis XIV et de Bossuet. « Lorsque les nations se
corrompent, il s'élève des hommes qui leur apprennent qu'il n'y a point de vengeance
céleste », remarque-t-il à propos des « Philosophes » dans l'*Essai sur les révolutions* (II, 42).
— 3. Texte de 1802 : « J'avais donc *vainement espéré retrouver* dans ma patrie *de quoi
calmer cette* vague *inquiétude, cette ardeur de désir qui* m'avait suivi *partout.* » — 4. Cf. *Mémoires d'outre-tombe*, III, 1, où Chateaubriand quinquagénaire évoque son enfance : « Cette
première tristesse était celle qui naît d'un désir vague de bonheur, lorsqu'on est sans expérience ; la tristesse que j'éprouve actuellement vient de la connaissance des choses appréciées
et jugées » (Éd. citée, t. I, p. 76). — 5. Au sens classique du mot, très fort. — 6. Réflexions
qu'a souvent formulées Chateaubriand : voir déjà l. 187 : « Je ne pus me défendre d'une
réflexion amère sur l'inconséquence des amitiés humaines » ; *Atala :* « L'âme de l'homme
se fatigue, et jamais elle n'aime longtemps le même objet avec plénitude » (éd. P. C. B.,
p. 134); *Mémoires d'outre-tombe :* « l'attachement des hommes se refroidit aussi vite que le
boulet qui les frappe ». — 7. On a voulu voir ici un souvenir de ce qu'aurait éprouvé Chateaubriand à Paris, à son retour d'émigration en 1801; en réalité, s'il y déplora les boulever-
sements qu'avait apportés la Révolution, s'il est vrai qu'il ne « pouvait [s]e faire à la saleté
de nos maisons, de nos escaliers, de nos tables, à notre malpropreté, à notre bruit », etc.,
et que cela lui faisait regretter l'Angleterre, il se réadapta assez vite à sa patrie : « Après
quelques mois d'établissement au milieu de nous, on sent qu'on ne peut plus vivre qu'à
Paris » (*Mémoires*, XIII, 3).

rien et qui ne m'entendait pas. Mon âme, qu'aucune passion
360 n'avait encore usée, cherchait un objet qui pût l'attacher;
mais je m'aperçus que je donnais plus que je ne recevais.
Ce n'était ni un langage élevé, ni un sentiment profond
qu'on demandait de moi. Je n'étais occupé qu'à rapetisser
ma vie, pour la mettre au niveau de la société. Traité partout
365 d'esprit romanesque, honteux du rôle que je jouais, dégoûté
de plus en plus des choses et des hommes, je pris le parti
de me retirer dans un faubourg pour y vivre totalement
ignoré.

» Je trouvai d'abord assez de plaisir dans cette vie obscure
370 et indépendante. Inconnu, je me mêlais à la foule : vaste
désert d'hommes [1] !

» Souvent assis dans une église peu fréquentée, je passais
des heures entières en méditation. Je voyais de pauvres
femmes venir se prosterner devant le Très-Haut, ou des
375 pécheurs s'agenouiller au tribunal de la pénitence [2]. Nul ne
sortait de ces lieux sans un visage plus serein, et les sourdes
clameurs qu'on entendait au dehors semblaient être les
flots des passions et les orages du monde qui venaient
expirer au pied du temple du Seigneur [3]. Grand Dieu, qui vis
380 en secret couler mes larmes dans ces retraites sacrées, tu sais
combien de fois je me jetai à tes pieds, pour te supplier de me
décharger du poids de l'existence, ou de changer en moi

---

1. Texte de 1802 : « *la foule;* vastes déserts d'hommes, bien plus tristes que ceux des bois,
car leur solitude est toute pour le cœur ! ». Ce grand thème romantique du « désert de la
foule », cher à Chateaubriand (« Quand la nuit approchait, j'allais à quelque spectacle;
le désert de la foule me plaisait », raconte-t-il dans ses *Mémoires* [IV, 8, éd. citée, t. I,
p. 124]), se trouvait déjà chez Rousseau : « J'entre avec une secrète horreur », écrivait
Saint-Preux à Julie (*La Nouvelle Héloïse*, II, 14, éd. citée, p. 231), « dans ce vaste désert
du monde. Ce chaos ne m'offre qu'une solitude affreuse, où règne un morne silence. Mon
âme à la presse cherche à s'y répandre, et se trouve partout resserrée. Je ne suis jamais
moins seul que quand je suis seul, disait un ancien; moi, je ne suis seul que dans la foule »;
Baudelaire illustrera la même idée dans ses *Petits Poèmes en prose* (XIII, *Les Foules*) :
« Multitude, solitude : termes égaux et convertibles par le poète actif et fécond. Qui ne
sait pas peupler sa solitude, ne sait pas non plus être seul dans une foule affairée. » —
2. C'est-à-dire devant le prêtre qui, au confessionnal, écoute le pécheur qui s'accuse et
auquel il donne l'absolution. — 3. Chateaubriand évoque de même, dans les *Mémoires* (I, 4),
ses impressions d'enfant dans la cathédrale de Saint-Malo, où « l'harmonie de[s] cantiques
se mêlait aux mugissements des flots. Lorsque, dans l'hiver, à l'heure du salut, la cathédrale se remplissait de la foule; que de vieux matelots à genoux, de jeunes femmes et des
enfants lisaient, avec de petites bougies, dans leurs Heures; que la multitude, au moment
de la bénédiction, répétait en chœur le *Tantum ergo*; que dans l'intervalle de ces chants,
les rafales de Noël frôlaient les vitraux de la basilique, ébranlaient les voûtes de cette nef
que fit résonner la mâle poitrine de Jacques Cartier et de Duguay-Trouin, j'éprouvais un
sentiment extraordinaire de religion » (Éd. citée, t. I, p. 32).

le vieil homme [1]! Ah! qui n'a senti quelquefois le besoin de se régénérer, de se rajeunir aux eaux du torrent, de retremper
385 son âme à la fontaine de vie [2]? Qui ne se trouve quelquefois accablé du fardeau de sa propre corruption, et incapable de rien faire de grand, de noble, de juste?

» Quand le soir était venu, reprenant le chemin de ma retraite, je m'arrêtais sur les ponts, pour voir se coucher le
390 soleil [3]. L'astre, enflammant les vapeurs de la cité, semblait osciller lentement dans un fluide d'or, comme le pendule de l'horloge [4] des siècles [5]. Je me retirais ensuite avec la nuit, à travers un labyrinthe de rues solitaires [6]. En regardant les lumières qui brillaient dans les demeures des hommes,
395 je me transportais par la pensée, au milieu des scènes de douleur et de joie qu'elles éclairaient; et je songeais que sous tant de toits habités, je n'avais pas un ami [7]. Au milieu

---

1. L'expression est fréquente dans les épîtres de saint Paul, par exemple *Ép. aux Éphésiens*, IV, 22 : « Il vous faut abandonner votre premier genre de vie et dépouiller le vieil homme, qui va se corrompant au fil des convoitises décevantes »; *Ép. aux Colossiens*, III, 9-10 : « Vous vous êtes dépouillés du vieil homme avec ses agissements, et vous avez revêtu le nouveau, celui qui s'achemine vers la vraie connaissance en se renouvelant à l'image de son Créateur. » — 2. Autres expressions bibliques (*Psaumes*, XXXVI, 9-10 [à Yahvé] : « Au torrent de tes délices tu les abreuves; en toi est la source de vie » [*fons vitae*]. — 3. Suivant F. Letessier, c'est, semble-t-il, au temps de son exil à Londres que Chateaubriand avait pris l'habitude d'aller contempler le soleil couchant, comme le montre une phrase de l'*Essai sur les révolutions* (citée par A. Weil) : « Que de fois [cette soif vague de quelque chose] m'a contraint de sortir des spectacles de nos cités, pour aller voir le soleil se coucher au loin sur quelque site sauvage! » — 4. Texte de 1802 : « la grande horloge ». — 5. Ainsi commençait le *Fragment d'un épisode*, déjà cité (p. 70, note 7) : « L'étranger était assis sous un papaya, au bord du lac de Tindaé. Le jour approchait de sa fin, et tout était calme, superbe, solitaire et mélancolique au désert. Les montagnes de Jore, les forêts de cèdres des Chéroquois, les nuages dans les cieux, les roseaux dans les savanes, les fleuves dans les vallées, se rougissaient des feux du couchant. Par-delà les rivages du lac, le soleil s'enfonçait avec majesté derrière les montagnes. On le voyait encore suspendu à l'horizon entre la fracture de deux hauts rochers : son globe élargi, d'un rouge pourpre mouvant et environné d'une auréole glorieuse, semblait osciller lentement dans un fluide d'or, comme le pendule de la grande horloge des siècles » (*Génie*, éd. citée, t. II, p. 486). — 6. Texte de 1802 : « *rues solitaires*, où diverses scènes s'offraient à ma rêverie, à mesure que la nuit descendait ». — 7. Il y a, dans tout ce paragraphe, d'évidents souvenirs du séjour de Chateaubriand émigré à Londres, et l'on en trouve comme une première version dans l'*Essai sur les révolutions* (II, 13) : « Un infortuné parmi les enfants de la prospérité, ressemble à un gueux qui se promène en guenilles au milieu d'une société brillante : chacun le regarde et le fuit. Il doit donc éviter les jardins publics, le fracas, le grand jour; le plus souvent même il ne sortira que la nuit. Lorsque la brune commence à confondre les objets, notre infortuné s'aventure hors de sa retraite et, traversant en hâte les lieux fréquentés, il gagne quelque chemin solitaire, où il puisse errer en liberté. Un jour il va s'asseoir au sommet d'une colline qui domine la ville et commande une vaste contrée; il contemple les feux qui brillent dans l'étendue du paysage obscur, sous tous ces toits habités. Ici, il voit éclater le réverbère à la porte de cet hôtel, dont les habitants, plongés dans les plaisirs, ignorent qu'il est un misérable, occupé sous la lumière de leurs fêtes, lui qui eut aussi des fêtes et des amis! Il ramène ensuite ses regards sur quelque petit rayon tremblant dans une pauvre maison écartée du faubourg et il se dit : "Là, j'ai des frères". »

de mes réflexions, l'heure venait frapper à coups mesurés dans la tour de la cathédrale gothique; elle allait se répétant
400 sur tous les tons et à toutes les distances d'église en église [1]. Hélas! chaque heure dans la société ouvre un tombeau, et fait couler des larmes.

» Cette vie, qui m'avait d'abord enchanté, ne tarda pas à me devenir insupportable. Je me fatiguai de la répétition

---

1. « Ce qui séduit ici Chateaubriand, écrit Jean-Pierre Richard, c'est l'illusion d'une identité sonore régulièrement reproduite, et se déplaçant en tous sens sur un réseau de relais écartés les uns des autres — les églises —, de manière à créer, de par son parcours même, la sensation d'un espace agrandi et varié. La circulation zigzagante d'un même élément sensible lui révèle alors la capacité vivante de l'immense » (*Paysage de Chateaubriand*, p. 88). « Le vide s'y trouve donc à la fois fomenté dans sa puissance d'hiatus, et caressé dans sa trame évasive. Surtout il y reçoit une organisation; il s'y structure, s'y ramifie en rythmes, en réseaux » (p. 87).

■■

● **Paris, « vaste désert d'hommes ! »** (l. 333-402)

① *Tout était subitement descendu à la souplesse de l'esprit, à l'impiété, à la corruption* (l. 340) : quelle époque Chateaubriand entend-il ainsi condamner? Commentez chacun des trois griefs qu'il lui fait (notamment le premier). Quelles réflexions peut susciter ce jugement si l'on pense aux idées que développait, cinq ans plus tôt, l'auteur de l'*Essai sur les révolutions*? Rôle de ce passage de *René* par rapport à l'utilisation du roman dans le *Génie du christianisme*.

② Ici et à plusieurs reprises (recherchez-les) dans le récit, René éprouve tristement « l'inconséquence des amitiés humaines » (l. 188) : ce thème est-il cher à Chateaubriand? — l'histoire de René et d'Amélie est-elle propre à en démontrer la vérité?

③ Quelle contradiction essentielle peut-on déceler ici dans le caractère de René? Veut-il vivre? aime-t-il naturellement la solitude? Commentez l'expression : « je donnais plus que je ne recevais » (l. 361).

④ Le thème de la solitude dans la foule : en connaissez-vous des illustrations dans les œuvres (romans, drames, poèmes) des grands romantiques, de Baudelaire...? Est-ce ici une valeur en soi pour René?

⑤ Étudiez la qualité de l'émotion religieuse de René dans sa méditation des lignes 372-387. On y a vu des traits jansénistes : lesquels? qu'en pensez-vous?

⑥ La poésie du soir et de la nuit sur la ville (l. 388-402) : étudiez la composition de ce paragraphe, du point de vue des thèmes, des images et du rythme.

■■

405 des mêmes scènes et des mêmes idées. Je me mis à sonder mon cœur, à me demander ce que je désirais. Je ne le savais pas; mais je crus tout à coup que les bois me seraient délicieux. Me voilà soudain résolu d'achever, dans un exil champêtre, une carrière à peine commencée, et dans laquelle 410 j'avais déjà dévoré des siècles [1].

» J'embrassai ce projet avec l'ardeur que je mets à tous mes desseins; je partis précipitamment pour m'ensevelir dans une chaumière, comme j'étais parti autrefois pour faire le tour du monde.

415 » On m'accuse d'avoir des goûts inconstants, de ne pouvoir jouir longtemps de la même chimère [2], d'être la proie d'une imagination qui se hâte d'arriver au fond de mes plaisirs, comme si elle était accablée de leur durée; on m'accuse de passer toujours le but que je puis atteindre : 420 hélas! je cherche seulement un bien inconnu, dont l'instinct [3] me poursuit. Est-ce ma faute, si je trouve partout les bornes, si ce qui est fini n'a pour moi aucune valeur [4]? Cependant je sens que j'aime la monotonie des sentiments de la vie, et si j'avais encore la folie de croire au bonheur, 425 je le chercherais dans l'habitude.

» La solitude absolue, le spectacle de la nature, me plongèrent bientôt dans un état presque impossible à décrire. Sans parents, sans amis, pour ainsi dire seul sur

---

1. Chateaubriand a souvent éprouvé et exprimé ce sentiment. De sa dix-huitième année, où il ne retrouvait déjà plus « rien de son passé à Saint-Malo », il écrit dans les *Mémoires d'outre-tombe* (III, 16) : « Je touchais presque à mon berceau et déjà tout un monde s'était écroulé » (éd. citée, t. I, p. 103). — 2. On sait combien la conscience était vive, chez Chateaubriand, de l'inconstance du cœur humain (« Encore si l'homme ne faisait que changer de lieux ! mais ses jours et son cœur changent » [*Mémoires*, I, 7, éd. citée t. I, p. 43]). Il a « littéralement subsumé la totalité de son expérience du monde et de lui-même [sous] la catégorie du *changement* » (André Vial, *Chateaubriand et le Temps perdu*, p. 5). — 3. « Est-ce un instinct indéterminé, un vide intérieur que nous ne saurions remplir, qui nous tourmente? Je l'ai aussi sentie, cette soif vague de quelque chose. Elle m'a traîné dans les solitudes muettes de l'Amérique et dans les villes bruyantes de l'Europe; je me suis enfoncé, pour la satisfaire, dans les épaisseurs des forêts du Canada et dans la foule qui inonde nos jardins et nos temples. Homme, est-ce ta destinée de porter partout un cœur animé d'un désir inconnu? » (*Essai sur les révolutions*, I, 70). — 4. Ce sentiment typiquement romantique se trouve déjà fort bien formulé par Rousseau — qui toutefois s'en enchantait au lieu d'en être la plaintive victime : « Je trouvais en moi », écrivait-il de Montmorency à M. de Malesherbes, le 26 janv. 1762, « un vide inexplicable que rien n'aurait pu remplir, un certain élancement de cœur vers une autre sorte de jouissance, dont je n'avais pas d'idée et dont, pourtant, je sentais le besoin. Hé bien, monsieur, cela même était jouissance, puisque j'en étais pénétré d'un sentiment très vif et d'une tristesse attirante que je n'aurais pas voulu ne pas avoir. [...] Mon cœur, resserré dans les bornes des êtres, s'y trouvait trop à l'étroit, j'étouffais dans l'univers, j'aurais voulu m'élancer dans l'infini. » Et peut-être y a-t-il aussi là quelque écho de Pascal montrant l'homme vertigineusement attiré par l'infini...

la terre [1], n'ayant point encore aimé [2], j'étais accablé d'une
430 surabondance de vie [3]. Quelquefois je rougissais subitement,
et je sentais couler dans mon cœur, comme des ruisseaux
d'ami, de lave ardente ; quelquefois je poussais des cris involontaires, et la nuit était également troublée de mes songes
et de mes veilles. Il me manquait quelque chose pour
435 remplir l'abîme de mon existence [4] : je descendais dans la
vallée, je m'élevais sur la montagne, appelant de toute la
force de mes désirs l'idéal objet d'une flamme future [5] ;
je l'embrassais dans les vents ; je croyais l'entendre dans les
gémissements du fleuve : tout était ce fantôme imaginaire,
440 et les astres dans les cieux, et le principe même de vie dans
l'univers [6].

---

1. Souvenir, ici encore, de Jean-Jacques, dont on se rappelle le célèbre début de la première *Promenade* : « Me voici donc seul sur la terre, n'ayant plus de frère, de prochain,
d'ami, de société que moi-même » (éd. Bordas, p. 21). — 2. Texte de 1802 : « *n'ayant point
encore aimé*, mais cherchant à aimer ». On reconnaît le fameux *Nondum amabam et amare
amabam* de saint Augustin (« Je n'aimais pas encore, mais j'aimais à aimer », *Confessions*
III, I, 1). — 3. Ce thème de l'excès de forces qui restent inemployées dans l'âme et la tortu-
rent se retrouvera encore chez les personnages romantiques de Flaubert : ainsi Frédéric et
Rosanette, dans l'*Éducation sentimentale*, sentent, lors de leur promenade dans la forêt de
Fontainebleau, « leur entrer dans l'âme comme l'orgueil d'une vie plus libre, avec une
surabondance de forces, une joie sans cause » (III, 1, éd. Thibaudet-Dumesnil, Pléiade, p. 356).
— 4. Dans le chap. du *Génie* consacré à l'*amour passionné* (II, III, 2), Chateaubriand a cité
la Pécheresse de Massillon : « aimer, c'est chercher la félicité dans ce qu'on aime ; c'est vouloir
trouver dans l'objet aimé tout ce qui manque à notre cœur ; c'est l'appeler au secours de ce
vide affreux que nous sentons en nous-mêmes, et nous flatter qu'il sera capable de le
remplir » (éd. citée, t. I, p. 287). — 5. On reconnaît ici la Sylphide, le « fantôme d'amour »
(cf. plus bas le *fantôme imaginaire*) qui hanta les « deux années de délire » du jeune François-
René à Combourg (voir les *Mémoires*, livre III, chap. 9-14) : « Faute d'objet réel, j'invoquai
par la puissance de mes vagues désirs un fantôme qui ne me quitta plus. [...] Je ne sais
comment je retrouvais encore ma déesse dans les accents d'une voix, dans les frémissements
d'une harpe, dans les sons veloutés ou liquides d'un cor ou d'un harmonica. [...] Je montais
avec ma magicienne sur les nuages : roulé dans ses cheveux et dans ses voiles, j'allais,
au gré des tempêtes, agiter la cime des forêts, ébranler le sommet des montagnes, ou tourbil-
lonner sur les mers. Plongeant dans l'espace, descendant du trône de Dieu aux portes de
l'abîme, les mondes étaient livrés à la puissance de mes amours. [...] J'ouvrais furtivement
la porte du perron comme un meurtrier, et j'allais errer dans le grand bois. Après avoir
marché à l'aventure, agitant mes mains, embrassant les vents qui m'échappaient ainsi que
l'ombre, objet de mes poursuites, je m'appuyais contre le tronc d'un hêtre », etc. (Éd. citée,
t. I, p. 92, 95, 97, 99). — 6. Ce paragraphe ne fut introduit dans *René* qu'en 1804 : dans le
Génie primitif, il figurait dans le chapitre consacré à *Didon*, exemple d'*amour passionné*,
sous cette forme : « Nous examinons donc à présent cette sorte d'amour qui n'est ni aussi
saint que la piété conjugale, ni aussi gracieux que le sentiment des bergers mais qui, plus
poignant que l'un et l'autre, dévaste les âmes où il règne. Ne s'appuyant point sur la religion
du mariage ou sur l'innocence des mœurs champêtres, ni se mêlant aucun prestige au sien,
il est à soi-même sa propre illusion, sa propre folie, sa propre substance ; ignorée de l'artisan
trop occupé et du laboureur trop simple, cette passion n'existe que dans ces rangs de la
société où l'oisiveté nous laisse surchargés de tout le poids de notre cœur, avec son immense
amour-propre et ses éternelles inquiétudes. C'est alors que, presque seul au milieu du monde,
avec une surabondance de vie, on sent en soi une force dévorante qui consomme l'univers
sans être rassasiée. On cherche quelque chose d'inconnu, l'idéal objet d'une flamme future ;
on l'embrasse dans les vents, on la saisit dans les gémissements du fleuve : tout est fantôme
imaginaire, et les globes dans l'espace, et le principe même de vie dans la nature » (Éd. citée,
t. II, p. 473).

» Toutefois cet état de calme et de trouble, d'indigence et de richesse, n'était pas sans quelques charmes [1]. Un jour je m'étais amusé à effeuiller une branche de saule sur un
445 ruisseau, et à attacher une idée à chaque feuille que le courant entraînait. Un roi qui craint de perdre sa couronne par une révolution subite, ne ressent pas des angoisses plus vives que les miennes, à chaque accident qui menaçait les débris de mon rameau. O faiblesse des mortels! O enfance
450 du cœur humain qui ne vieillit jamais! Voilà donc à quel degré de puérilité notre superbe [2] raison peut descendre! Et encore est-il vrai que bien des hommes attachent leur destinée à des choses d'aussi peu de valeur que mes feuilles de saule [3].

---

1. Dans le texte de 1802 se lisait ici la phrase suivante, qu'a supprimée Chateaubriand : «J'aimais les rêveries dans lesquelles il me plongeait, même en usant les ressorts de ma vie. » — 2. Orgueilleuse. — 3. Chez Gœthe et dans *Odérahi* (voir notre Introduction, p. 27), on voit aussi les héros, Werther et Ontérée, suivre des yeux, celui-ci une branche, celui-là un bouquet, emporté au fil de l'eau; mais ils n'y attachent pas la signification en quelque sorte superstitieuse que René donne au destin de ses feuilles de saule... Jocelyn et Laurence, eux, seront enfants d'un lecteur de Chateaubriand :

> « Nous effeuillions sur l'eau des tiges dans nos mains;
> Je ne sais quel attrait des yeux pour l'eau limpide
> Nous faisait regarder et suivre chaque ride,
> Réfléchir, soupirer, rêver sans dire un mot,
> Et perdre et retrouver notre âme à chaque flot. »

(*Jocelyn*, IV, v. 162-166)

■■

● La méditation d'Oberman

Dans son roman par lettres *Oberman* (très largement autobiographique, lui aussi), paru en 1804 et qui passa d'abord inaperçu avant de devenir un des « bréviaires du Romantisme », Senancour met en scène un personnage qui, à beaucoup d'égards, est un frère cadet de René (voir p. 118, *Fortune de « René »*). A la fameuse méditation de René dans son « exil champêtre », on pourra comparer l'évocation que fait Oberman de moments capitaux de son adolescence (*Oberman*, lettre XI, éd. Monglond [Arthaud, 1947] [1], t. I, p. 63-65) :

[...] J'avais, je crois, quatorze, quinze et dix-sept ans lorsque je vis Fontainebleau. Après une enfance casanière, inactive et ennuyée, si je

---

1. *Oberman* a récemment été publié dans une collection de poche, « 10/18 », introd. par G. Borgeaud, Paris 1965. (Malgré l'orthographe voulue par Senancour, en 1804, on écrit souvent *Obermann*.)

sentais en homme à certains égards, j'étais enfant à beaucoup d'autres. Embarrassé, incertain; pressentant tout peut-être, mais ne connaissant rien; étranger à ce qui m'environnait, je n'avais d'autre caractère décidé que d'être inquiet et malheureux. [...] Quand j'atteignais l'extrémité de la forêt, je voyais avec peine ces vastes plaines nues et ces rochers dans l'éloignement. Je retournais aussitôt, je m'enfonçais dans le plus épais du bois; et quand je trouvais un endroit découvert et fermé de toutes parts, où je ne voyais que des sables et des genièvres, j'éprouvais un sentiment de paix, de liberté, de joie sauvage [1], pouvoir de la nature sentie pour la première fois dans l'âge facilement heureux. Je n'étais pas gai pourtant : presque heureux, je n'avais que l'agitation du bien-être. Je m'ennuyais en jouissant, et je rentrais toujours triste. Plusieurs fois j'étais dans les bois avant que le soleil parût. Je gravissais les sommets encore dans l'ombre; je me mouillais dans la bruyère pleine de rosée; et quand le soleil paraissait, je regrettais la clarté incertaine qui précède l'aurore. J'aimais les fondrières, les vallons obscurs, les bois épais; j'aimais les collines couvertes de bruyère; j'aimais beaucoup les grès renversés et les rocs ruineux [2]; j'aimais bien plus ces sables vastes et mobiles, dont nul pas d'homme ne marquait l'aride surface sillonnée çà et là par la trace inquiète de la biche ou du lièvre en fuite. Quand j'entendais un écureuil, quand je faisais partir un daim, je m'arrêtais, j'étais assez bien, et pour un moment je ne cherchais plus rien. C'est à cette époque que je remarquai le bouleau, arbre solitaire qui m'attristait déjà et que depuis je ne rencontre jamais sans plaisir. J'aime le bouleau; j'aime cette écorce blanche, lisse et crevassée; cette tige agreste; ces branches qui s'inclinent vers la terre; la mobilité des feuilles; et tout cet abandon, simplicité de la nature, attitude des déserts.

Temps perdus, et qu'on ne saurait oublier! Illusion trop vaine d'une sensibilité expansive! Que l'homme est grand dans son inexpérience : qu'il serait fécond, si le regard froid de son semblable, si le souffle aride de l'injustice ne venait pas sécher son cœur! J'avais besoin de bonheur. J'étais né pour souffrir. Vous connaissez ces jours sombres, voisins des frimas, dont l'aurore elle-même épaississant les brumes, ne commence la lumière que par des traits sinistres d'une couleur ardente sur les nues amoncelées. Ce voile ténébreux, ces rafales orageuses, ces lueurs pâles, ces sifflements à travers les arbres qui plient et frémissent, ces déchirements prolongés semblables à des gémissements funèbres : voilà le matin de la vie; à midi, des tempêtes plus froides et plus continues; le soir, des ténèbres plus épaisses : et la journée de l'homme est achevée [3]. Le prestige [4] spécieux, infini, qui naît avec le cœur de l'homme, et qui semblait devoir subsister autant que lui, se ranima un jour : j'allai jusqu'à croire que j'aurais des désirs satisfaits. Ce feu subit et trop impétueux, brûla dans le vide, et s'éteignit sans avoir rien éclairé. Ainsi, dans la saison des orages, apparaissent pour l'effroi de l'être vivant, des éclairs instantanés dans la nuit ténébreuse. »

1. Cf. la célèbre promenade de Frédéric Moreau avec Rosanette, dans cette même forêt de Fontainebleau, chez Flaubert (*L'Éducation sentimentale*, III, 1). — 2. Le sens où ce mot est pris ici (= qui menace ruine) est déjà presque un archaïsme au début du XIXᵉ siècle. — 3. En 1804, Senancour a trente-quatre ans. — 4. Au sens premier d'illusion.

455 » Mais comment exprimer cette foule de sensations fugitives, que j'éprouvais dans mes promenades? Les sons que rendent les passions dans le vide d'un cœur solitaire, ressemblent au murmure que les vents et les eaux font entendre dans le silence d'un désert : on en jouit, mais on ne peut
460 les peindre [1].

» L'automne me surprit au milieu de ces incertitudes : j'entrai avec ravissement dans les mois des tempêtes [2]. Tantôt j'aurais voulu être un de ces guerriers errant au milieu des vents, des nuages et des fantômes [3]; tantôt
465 j'enviais jusqu'au sort du pâtre que je voyais réchauffer ses mains à l'humble feu de broussailles qu'il avait allumé au coin d'un bois. J'écoutais ses chants mélancoliques, qui me rappelaient que dans tout pays, le chant naturel de l'homme est triste, lors même qu'il exprime le bonheur.
470 Notre cœur est un instrument incomplet, une lyre où il manque des cordes, et où nous sommes forcés de rendre les accents de la joie, sur le ton consacré aux soupirs [4].

» Le jour je m'égarais sur de grandes bruyères terminées par des forêts. Qu'il fallait peu de chose [5] à ma rêverie : une
475 feuille séchée que le vent chassait devant moi, une cabane dont la fumée s'élevait dans la cime dépouillée des arbres,

---

1. On remarquera cet aveu d'impuissance, qui donne du prix à des sentiments auxquels un esprit « classique » eût refusé l'existence puisqu'ils sont inexprimables. — 2. Ce qui « ravit » Chateaubriand dans l'automne, il l'a souvent expliqué : voir le chap. des « Joies de l'automne » dans les *Mémoires d'outre-tombe* (III, 12); cf. ce passage des *Natchez* (2e partie, éd. citée, p. 497, peu avant la proclamation des Grands Jeux où René doit être massacré) : « La saison déclinait vers l'automne; saison mélancolique, où l'oiseau de passage qui s'envole, la verdure qui se flétrit, la feuille qui tombe, la chaleur qui s'éteint, le jour qui s'abrège, la nuit qui s'étend, et la glace qui vient couronner cette longue nuit, rappellent la destinée de l'homme. » — 3. Personnage et décor ossianiques. — 4. Cette belle image (analogue à celle de Pascal : « On croit toucher des orgues ordinaires, en touchant l'homme. Ce sont les orgues, à la vérité, mais bizarres, changeantes, variables, dont les tuyaux ne se suivent pas par degrés conjoints », *Pensées*, Fr. Lafuma 103 — et que reprendra Lamartine dans la préface de ses *Méditations* : « J'ai donné à ce qu'on nommait la Muse, au lieu d'une lyre à sept cordes de convention, les fibres mêmes du cœur de l'Homme, touchées et émues par les innombrables frissons de l'âme et de la nature ») a été vivement critiquée : Ginguené, en 1802, y voyait un de « ces traits exagérés et bizarres, que les hommes qui veulent comprendre ce qu'ils lisent ne peuvent aimer et que les autres n'aiment que par cela même qu'ils ne le comprennent pas » (*Coup d'œil rapide sur « le Génie du christianisme »*, *Décade Philosophique*, An X); et l'abbé Sicard, en 1817 : « En général (pour parler le langage de l'auteur), la justesse est une corde qui me paraît manquer souvent à sa lyre » (*Observations critiques sur l'ouvrage intitulé « Le Génie du christianisme »*, Paris, p. 161). — 5. « Chateaubriand aime la petitesse, il le professe en maint passage des *Mémoires*. Son goût naturel le porte vers le menu, vers l'insignifiant : "qu'il fallait peu de chose à ma rêverie...". Peu de chose, et des choses le plus souvent infimes, tôt disparues, situées à l'origine de ces "sensations fugitives", que l'on arrive mal à "exprimer", mais qui n'en font pas moins le prix de l'existence » (J.-P. Richard, *Paysage de Chateaubriand*, p. 47).

la mousse qui tremblait [1] au souffle du nord sur le tronc d'un chêne, une roche écartée [2], un étang désert où le jonc flétri murmurait ! Le clocher du hameau, s'élevant au loin
480 dans la vallée, a souvent attiré mes regards; souvent j'ai suivi des yeux les oiseaux de passage qui volaient au-dessus de ma tête. Je me figurais les bords ignorés, les climats lointains où ils se rendent; j'aurais voulu être sur leurs ailes. Un secret instinct me tourmentait; je sentais que
485 je n'étais moi-même qu'un voyageur [3]; mais une voix du ciel semblait me dire : « Homme, la saison de ta migration n'est pas encore venue; attends que le vent de la mort se lève, alors tu déploieras ton vol vers ces régions inconnues que ton cœur demande [4]. »

490   « Levez-vous vite, orages désirés [5], qui devez emporter René dans les espaces d'une autre vie ! Ainsi disant [6], je marchais à grands pas, le visage enflammé, le vent sifflant dans ma chevelure [7], ne sentant ni pluie ni frimas, enchanté, tourmenté, et comme possédé par le démon de mon cœur.

495   » La nuit, lorsque l'aquilon ébranlait ma chaumière, que les pluies tombaient en torrent sur mon toit, qu'à travers ma fenêtre, je voyais la lune sillonner les nuages amoncelés,

---

1. « Pour satisfaire Chateaubriand, il ne faut pas que cette vie se manifeste de façon trop ouverte, trop vitale... Violemment animé, l'objet cesserait d'exister, vis-à-vis de l'étendue négative où il se pose, comme l'agent provocateur qu'il cherche à être. Pour garder sa force révélante, il lui faut demeurer une exception. Chateaubriand recherche donc une forme d'animation qui tout à la fois excite l'objet et le contienne, qui le mette en mouvement sans l'obliger vraiment à se mouvoir, bref qui installe en lui l'action d'une vitalité évidente, et pourtant implicite. Ce mode retenu de la vivacité, il le découvre dans la vibration interne, le *frisson*. [... Ainsi] palpiteront avec plus de souplesse [...] les végétaux moins structurés, plus minuscules » (Richard, *op. cit.*, p. 58) : feuille, mousse... — 2. « Enfant, Chateaubriand aime à grimper au plus haut des arbres. Plus tard sur la mâture des navires. Ou bien encore sur les rochers, ainsi la "roche écartée" de René, lieu d'où le vide environnant est à la fois appréhendé dans sa réalité de vide, et nié, commandé par le regard qui le remplit. Les plus efficaces de ces rochers seront donc ceux qui domineront en même temps des horizons et des gouffres. Ainsi le sommet de l'Etna » (Richard, *op. cit.*, p. 56). — 3. Voir p. 56, note 2; la phrase de l'*Itinéraire* citée dans la note, s'achève ainsi : « un secret instinct me disait que je serais voyageur comme ces oiseaux ». — 4. La seconde moitié de ce paragraphe se trouvait à peu près textuellement dans un des *Fragments* (« Histoire naturelle ») *du Génie du Christianisme primitif*, éd. citée, t. II, p. 421. — 5. Sur un tout autre ton, l'invocation de René débute comme une strophe du *Troisième poème* du *Cantique des Cantiques* (IV, 16) : « Lève-toi, aquilon, accours, autan ! » Mais la « source » proche de Chateaubriand est évidemment Ossian : « Levez-vous, ô vents orageux d'Érin; mugissez, ouragans des bruyères; puissé-je mourir au milieu de la tempête, enlevé dans un nuage par les fantômes irrités des morts ! [...] Levez-vous, vents d'automne, levez-vous, soufflez sur la noire bruyère ! » (Fragments cités par Armand Weil). — 6. Latinisme, transcription des *hoc dicens, sic fatus, talia dicens,* épiques, constants chez Virgile. — 7. Cf. Ossian : « Les vents de la nuit sifflent dans ta chevelure. [...] O vents qui soulevez ma noire chevelure, je ne mêlerai pas longtemps mes soupirs à vos sifflements » (Cité par A. Weil).

comme un pâle vaisseau qui laboure les vagues, il me semblait que la vie redoublait au fond de mon cœur, que
500 j'aurais eu la puissance de créer des mondes. Ah! si j'avais pu faire partager à une autre les transports que j'éprouvais ! O Dieu! si tu m'avais donné une femme selon mes désirs; si, comme à notre premier père, tu m'eusses amené par la main une Ève tirée de moi-même... Beauté céleste, je me
505 serais prosterné devant toi; puis, te prenant dans mes bras, j'aurais prié l'Éternel de te donner le reste de ma vie [1].

» Hélas! j'étais seul, seul sur la terre! Une langueur secrète s'emparait de mon corps. Ce dégoût de la vie que j'avais ressenti dès mon enfance [2], revenait avec une force nouvelle.
510 Bientôt mon cœur ne fournit plus d'aliment à ma pensée, et je ne m'apercevais de mon existence que par un profond sentiment d'ennui [3].

» Je luttai quelque temps contre mon mal, mais avec indifférence et sans avoir la ferme résolution de le vaincre.
515 Enfin, ne pouvant trouver de remède à cette étrange blessure de mon cœur, qui n'était nulle part et qui était partout, je résolus de quitter la vie [4].

» Prêtre du Très-Haut, qui m'entendez, pardonnez à un malheureux que le ciel avait presque privé de la raison.
520 J'étais plein de religion, et je raisonnais en impie; mon cœur aimait Dieu, et mon esprit le méconnaissait; ma conduite, mes discours, mes sentiments, mes pensées, n'étaient que contradiction, ténèbres, mensonges. Mais

---

1. Souvenir, ici encore, de l'état d'âme que connut François-René lorsqu'il imagina sa Sylphide : « Les souffles de l'aquilon m'apportaient que les soupirs de la volupté; le murmure de la pluie m'invitait au sommeil sur le sein d'une femme. Les paroles que j'adressais à cette femme auraient rendu des sens à la vieillesse, et réchauffé le marbre des tombeaux. Ignorant tout, sachant tout, à la fois vierge et amante, Ève innocente, Ève tombée, l'enchanteresse par qui me venait ma folie était un mélange de mystères et de passions : je la plaçais sur un autel et je l'adorais. [...] Je me dépouillais de ma nature pour me fondre avec la fille de mes désirs, pour me transformer en elle, pour toucher plus intimement la beauté, pour être à la fois la passion reçue et donnée, l'amour et l'objet de l'amour » (*Mémoires*, III, 13, éd. citée, t. I, p. 97-98). — 2. Texte de 1802 : « dès ma plus tendre jeunesse ». — 3. Texte de 1802 : « *un profond sentiment* de malaise et *d'ennui* ». — 4. De même, les *Mémoires d'outre-tombe* raconteront comment, après les « deux années de délire » où Chateaubriand fut obsédé par la poursuite de sa Sylphide, « de plus en plus garrotté à [s]on fantôme », « la dernière lueur de la raison [lui] échappa » : il tenta de se donner la mort, à l'aide d' « un fusil de chasse dont la détente usée partait souvent au repos »; mais, par un hasard analogue à celui du jeu de la « roulette russe », le coup ne partit pas, et Chateaubriand conclut : « Fataliste sans le vouloir et sans le savoir, je supposai que mon heure n'était pas arrivée, et je remis à un autre jour l'exécution de mon projet » (III, 14).

l'homme sait-il bien toujours ce qu'il veut, est-il toujours
⁵²⁵ sûr de ce qu'il pense ? ¹

» Tout m'échappait à la fois, l'amitié, le monde, la
retraite. J'avais essayé de tout, et tout m'avait été fatal.
Repoussé par la société, abandonné d'Amélie, quand la

---

1. Cf. dans le chapitre précité des *Mémoires :* « Me voici arrivé à un moment où j'ai besoin
de quelque force pour confesser ma faiblesse. L'homme qui attente à ses jours montre moins
la vigueur de son âme que la défaillance de sa nature » (p. 100).

■■

● L'appel de l'infini (l. 403-506)

① D'après cette page célèbre, analysez avec le plus de précision
possible le « mal du siècle »; définissez-en le charme, mais aussi
le caractère douloureux, et les dangers. Appréciez la lucidité
de René; n'y a-t-il pas même comme de l'ironie envers lui-même ?
Que pensez-vous de ce qu'il dit de sa responsabilité (l. 415-425) ?
du caractère inexprimable de ce qu'il ressent (l. 455-460) ?
Étudiez le mélange des impressions vagues et des images précises.

② Le ton n'est-il pas très différent, entre le paragraphe où
René tente d'exprimer la « surabondance de vie » qui l'accable
(l. 426-441) et celui où il éprouve en lui la persistante « enfance
du cœur humain » (l. 442-454) ? Pourquoi ? Que vous semble
de ce contraste ?

③ Le thème de l'automne : sa valeur esthétique; sa valeur
morale. Commentez la phrase (l. 468-469) : *le chant naturel
de l'homme est triste, lors même qu'il exprime le bonheur.* N'est-ce
pas là un trait capital de la sensibilité et de l'esthétique romantiques ?

④ Comment se déroule la rêverie de René ? Étudiez la façon
dont croît son exaltation, et quel en est le moteur psychologique; sur quelle aspiration s'achève-t-elle (l. 502-506) ? Valeur
symbolique de chacune des images qui jalonnent cette rêverie
(le pâtre, la feuille séchée, le clocher solitaire, les oiseaux de
passage, etc.); faites le départ des souvenirs personnels de
Chateaubriand et des éléments plus « littéraires ».

⑤ *Levez-vous vite, orages désirés, qui devez emporter René...*
(l. 490) : regrette-t-il les voyages « sur cet orageux océan du
monde », auxquels il a précédemment renoncé ? Cette idée de
départ, de migration, est-elle chrétienne ? Montrez l'efficacité
du rythme des trois derniers paragraphes (l. 473-506).

⑥ Dans quelle mesure René subit-il et nourrit-il tout à la
fois le « démon de son cœur » qui l'enchante et le tourmente
(l. 495-512, commentez l'antithèse) ?

■■

solitude vint à me manquer, que me restait-il? C'était la
530 dernière planche sur laquelle j'avais espéré me sauver, et
je la sentais encore s'enfoncer dans l'abîme!

» Décidé que j'étais à me débarrasser du poids de la vie, je
résolus de mettre toute ma raison dans cet acte insensé.
Rien ne me pressait : je ne fixai point le moment du départ,
535 afin de savourer à longs traits les derniers moments de
l'existence[1], et de recueillir toutes mes forces, à l'exemple
d'un ancien, pour sentir mon âme s'échapper[2].

» Cependant je crus nécessaire de prendre des arrangements
concernant ma fortune, et je fus obligé d'écrire à Amélie. Il
540 m'échappa quelques plaintes sur son oubli, et je laissai
sans doute percer l'attendrissement qui surmontait peu à peu
mon cœur. Je m'imaginais pourtant avoir bien dissimulé
mon secret ; mais ma sœur accoutumée à lire dans les replis
de mon âme, le devina sans peine. Elle fut alarmée du ton
545 de contrainte qui régnait dans ma lettre, et de mes questions
sur des affaires dont je ne m'étais jamais occupé. Au lieu
de me répondre, elle me vint tout à coup surprendre.

» Pour bien sentir quelle dut être dans la suite l'amertume
de ma douleur, et quels furent mes premiers transports en
550 revoyant Amélie, il faut vous figurer que c'était la seule personne au monde que j'eusse aimée, que tous mes sentiments
se venaient confondre en elle, avec la douceur des souvenirs
de mon enfance. Je reçus donc Amélie dans une sorte d'extase
de cœur. Il y avait si longtemps que je n'avais trouvé quelqu'un
555 qui m'entendît, et devant qui je pusse ouvrir mon âme!

» Amélie se jetant dans mes bras, me dit : "Ingrat, tu veux
mourir, et ta sœur existe[3]! Tu soupçonnes son cœur! Ne

---

1. Chateaubriand, remarque Jean-Pierre Richard, « aime ces lieux critiques où,
entre être et non-être, la décision semble ne pas encore avoir été faite. Ambiguïté
qui dans l'existence humaine est celle même du *mourant* [...]. Ces moments valent
la peine d'être prolongés. Ainsi lorsque René décide de se suicider — décision qui,
en elle-même, le supprime déjà à moitié —, il n'assigne à la réalisation de cet acte
aucune limite fixe, afin d'étirer en un maximum de longueur l'*entre-deux* délicieux
où ce choix l'a placé » (*Paysage de Chateaubriand*, p. 83). — 2. Il s'agit probablement
de Canus Julius, patricien romain condamné à mort par Caligula, à qui un ami demandait
à quoi il pensait : « J'ai, répondit Canus, l'intention d'observer dans cet instant si rapide
si je sentirai mon âme s'en aller » (Sénèque, *De Tranqu. An.*, XIV, 9), ce que Montaigne
développe ainsi : « Je pensois à me tenir prest et bandé de toute ma force, pour voir si, en
cet instant de la mort, si court et si brief, je pourray appercevoir quelque deslogement
de l'ame, et si elle aura quelque ressentiment de son yssuë, pour, si j'en aprens quelque
chose, en revenir donner après, si je puis, advertissement à mes amis » (*Essais*, II, 6) —
3. Texte de 1802 : « *Tu veux mourir*, pendant que *ta sœur existe!* »

t'explique point, ne t'excuse point, je sais tout; j'ai tout compris, comme si j'avais été avec toi. Est-ce moi que l'on
560 trompe, moi, qui ai vu naître tes premiers sentiments? Voilà ton malheureux caractère, tes dégoûts, tes injustices. Jure, tandis que je te presse sur mon cœur, jure que c'est la dernière fois que tu te livreras à tes folies; fais le serment de ne jamais attenter à tes jours."

565 » En prononçant ces mots, Amélie me regardait avec compassion et tendresse, et couvrait mon front de ses baisers; c'était presque une mère, c'était quelque chose de plus tendre. Hélas! mon cœur se rouvrit à toutes les joies; comme un enfant, je ne demandais qu'à être consolé; je
570 cédai à l'empire d'Amélie : elle exigea un serment solennel; je le fis sans hésiter, ne soupçonnant même pas que désormais je pusse être malheureux.

» Nous fûmes plus d'un mois à nous accoutumer à l'enchantement d'être ensemble. Quand le matin, au lieu de

■■

● **La tentation du suicide** (l. 507-583)

① Explicitez ce qui fait naître en René la tentation de se « débarrasser du poids de la vie ». S'en déclare-t-il responsable? Que pensez-vous de la demande de pardon qu'il adresse au Père Souël (l. 518-525)? Commentez la phrase : *Bientôt mon cœur ne fournit plus d'aliment à ma pensée* (l. 510).

② Le thème romantique du suicide. Cherchez d'autres exemples littéraires (antérieurs et postérieurs à *René*), et comparez-les avec le cas de René. Appréciez la façon dont il prépare et conçoit son « acte insensé »; dans le récit de ses préparatifs, les justifications qu'il se fournit sont-elles tout à fait vraisemblables? « Rien ne me pressait » : ne décelez-vous pas au contraire une secrète raison à sa lenteur? Quelle est l'importance de cet épisode dans le déroulement de l'histoire de René et d'Amélie?

③ Comparez le nouveau portrait que René fait de sa sœur (l. 573-583) avec celui qu'il en donnait au début de sa confession. Précisez et expliquez-en les différences. Voyez-vous ici des éléments qui permettraient au lecteur d'entrer plus avant — fût-ce encore obscurément — dans le « secret d'Amélie »?

■■

575 me trouver seul, j'entendais la voix de ma sœur, j'éprouvais
un tressaillement de joie et de bonheur. Amélie avait reçu
de la nature quelque chose de divin ; son âme avait les
mêmes grâces innocentes que son corps ; la douceur de ses
sentiments était infinie ; il n'y avait rien que de suave et
580 d'un peu rêveur dans son esprit ; on eût dit que son cœur,
sa pensée et sa voix soupiraient comme de concert ; elle
tenait de la femme la timidité et l'amour, et de l'ange la
pureté et la mélodie [1].

» Le moment était venu où j'allais expier toutes mes
585 inconséquences. Dans mon délire j'avais été jusqu'à désirer
d'éprouver un malheur, pour avoir du moins un objet réel
de souffrance : épouvantable souhait que Dieu, dans sa
colère, a trop exaucé [2] !

» Que vais-je vous révéler, ô mes amis ! Voyez les pleurs qui
590 coulent de mes yeux. Puis-je même... Il y a quelques jours,
rien n'aurait pu m'arracher ce secret... A présent tout est
fini !

» Toutefois, ô vieillards, que cette histoire soit à jamais
ensevelie dans le silence : souvenez-vous qu'elle n'a été
595 racontée que sous l'arbre du désert.

» L'hiver finissait, lorsque je m'aperçus qu'Amélie perdait
le repos et la santé qu'elle commençait à me rendre. Elle
maigrissait ; ses yeux se creusaient ; sa démarche était
languissante, et sa voix troublée. Un jour, je la surpris toute
600 en larmes au pied d'un crucifix. Le monde, la solitude, mon
absence, ma présence, la nuit, le jour, tout l'alarmait [3].
D'involontaires soupirs venaient expirer sur ses lèvres ;
tantôt elle soutenait sans se fatiguer, une longue course ;
tantôt elle se traînait à peine ; elle prenait et laissait son
605 ouvrage, ouvrait un livre sans pouvoir lire, commençait une

---

1. F. Letessier a justement fait remarquer que, pour peindre Amélie, Chateaubriand use
d'expressions semblables à celles que la musique lui inspire : « la musique, art qui tient le
milieu entre la nature matérielle et la nature intellectuelle, qui peut dépouiller l'amour
de son enveloppe terrestre ou donner un corps à l'ange du ciel. Selon les dispositions de
celui qui les écoute, ces mélodies sont des pensées ou des caresses... » (*Mémoires d'outre-
tombe*, III, XII, fragment du manuscrit de la Bibliothèque Nationale, cité dans l'éd.
Levaillant dite du Centenaire, Flammarion 1948, t. I, p. 129) ; il parle ailleurs de
« mélodies qui tiennent de la femme et de l'ange » (*Mémoires d'outre-tombe*, XLIII, VII,
éd. Pléiade, t. II, p, 894-95). — 2. Texte de 1802 : « *que Dieu, dans sa colère*, ne manque
jamais d'exaucer ! » — 3. Texte de 1802 : « La nuit, le jour, *le monde, la solitude, mon absence,
ma présence, tout l'alarmait.* »

phrase qu'elle n'achevait pas[1], fondait tout à coup en
pleurs, et se retirait pour prier[2].

» En vain je cherchais à découvrir son secret. Quand je
l'interrogeais, en la pressant dans mes bras, elle me répondait,
610 avec un sourire, qu'elle était comme moi, qu'elle ne savait
pas ce qu'elle avait.

» Trois mois se passèrent de la sorte, et son état devenait
pire chaque jour. Une correspondance mystérieuse me
semblait être la cause de ses larmes, car elle paraissait ou
615 plus tranquille, ou plus émue, selon les lettres qu'elle recevait. Enfin, un matin, l'heure à laquelle nous déjeunions
ensemble étant passée, je monte à son appartement; je
frappe, on ne me répond point; j'entr'ouvre la porte, il
n'y avait personne dans la chambre. J'aperçois sur la
620 cheminée un paquet à mon adresse. Je le saisis en tremblant,
je l'ouvre, et je lis cette lettre, que je conserve pour m'ôter à
l'avenir tout mouvement de joie[3]. »

A René

Le Ciel m'est témoin, mon frère[4], que je donnerais mille fois
625 *ma vie pour vous épargner un moment de peine; mais, infor-*
tunée que je suis, je ne puis rien pour votre bonheur. Vous me
pardonnerez donc de m'être dérobée de chez vous, comme une

---

1. Réminiscence évidente de Virgile, décrivant la passion de Didon : « *Incipit effari mediaque in voce resistit;* Elle commence à parler et s'interrompt au milieu d'un mot » (*Énéide*, IV, 76). — 2. De cette peinture de l'amour incestueux qui s'empare d'Amélie, on a rapproché les plaintes de Canacé (voir *supra* p. 44, note 2) : « Pourquoi, frère, m'as-tu jamais aimée plus qu'un frère? Pourquoi ai-je été à ton égard ce que ne doit pas être une sœur? Moi-même je me suis enflammée : j'ai senti dans mon cœur amolli je ne sais quel dieu dont on m'avait parlé. Mon teint avait perdu ses couleurs, mes membres s'étaient décharnés, ma bouche prenait avec dégoût quelques aliments; le sommeil ne venait qu'à grand-peine; la nuit me paraissait une année; je gémissais enfin sans éprouver aucune douleur. Je ne pouvais me rendre compte des raisons qui me faisaient agir ainsi. J'ignorais l'amour, mais c'était lui » (Ovide, *Héroïdes*, X, v. 21 sq.), et la description du trouble de Virginie chez Bernardin de Saint-Pierre : « Cependant depuis quelque temps Virginie se sentait agitée d'un mal inconnu. Ses beaux yeux bleus se marbraient de noir; son teint jaunissait; une langueur universelle abattait son corps. La sérénité n'était plus sur son front, ni le sourire sur ses lèvres. On la voyait tout à coup gaie sans joie, et triste sans chagrin. Elle fuyait ses jeux innocents, ses doux travaux, et la société de sa famille bien-aimée. Elle errait çà et là dans les lieux les plus solitaires de l'habitation, cherchant partout du repos, et ne le trouvant nulle part » (*Paul et Virginie*, éd. Bordas, p. 61). Mais la peinture des effets de l'amour naissant et qui s'ignore encore est un thème littéraire très traditionnel. — 3. Texte de 1802 : les verbes de toute cette fin de paragraphe sont au passé (je montai... je frappai, on ne me répondit point; j'entr'ouvris... J'aperçus... Je le saisis... je l'ouvris, et je lus cette lettre, que j'ai conservée...). — 4. Texte de 1802 : « mon cher René ».

coupable : je n'aurais pu résister à vos prières, et cependant il fallait partir... Mon Dieu, ayez pitié de moi !

630   *Vous savez, René, que j'ai toujours eu du penchant pour la vie religieuse : il est temps que je mette à profit les avertissements du Ciel. Pourquoi ai-je attendu si tard ! Dieu m'en punit. J'étais restée pour vous dans le monde... Pardonnez, je suis toute troublée par le chagrin que j'ai de vous quitter.*

635   *C'est à présent, mon cher frère, que je sens bien la nécessité de ces asiles, contre lesquels je vous ai vu souvent vous élever. Il est des malheurs qui nous séparent pour toujours des hommes : que deviendraient alors de pauvres infortunées !... Je suis persuadée que vous-même, mon frère, vous trouveriez*
640 *le repos dans ces retraites de la religion[1] : la terre n'offre rien qui soit digne de vous.*

   Je ne vous rappellerai point votre serment : je connais la fidélité de votre parole. Vous l'avez juré, vous vivrez pour moi. Y a-t-il rien de plus misérable[2], que de songer sans cesse à
645 *quitter la vie ? Pour un homme de votre caractère, il est si aisé de mourir[3] ! Croyez-en votre sœur, il est plus difficile de vivre.*

   » *Mais, mon frère, sortez au plus vite de la solitude, qui ne vous est pas bonne[4]; cherchez quelque occupation[5]. Je sais que vous riez amèrement de cette nécessité où l'on est en France de*
650 prendre un état[6]. *Ne méprisez pas tant l'expérience et la sagesse de nos pères. Il vaut mieux, mon cher René, ressembler un peu plus au commun des hommes, et avoir un peu moins de malheur.*

   Peut-être trouveriez-vous dans le mariage un soulagement
655 *à vos ennuis[7]. Une femme, des enfants occuperaient vos jours. Et quelle est la femme qui ne chercherait pas à vous rendre*

---

1. Dans sa *Préface*, Chateaubriand a bien précisé sa pensée sur l'utilité des couvents pour abriter « certains malheurs de la vie » (voir p. 39-40). — 2. Texte de 1802 : « Eh ! qu'y a-t-il *de plus misérable.* » — 3. Texte de 1802 : « rien n'est plus *aisé que de mourir !* » — 4. Voir p. 110, l. 1047, le discours du Père Souël : « La solitude est mauvaise à celui qui n'y vit pas avec Dieu. » — 5. Le conseil vient assurément en droite ligne de Rousseau : « Il faut, pour vous rendre à vous-même », écrivait Milord Édouard à Saint-Preux qui, désespéré, voulait se tuer, « que vous sortiez d'au dedans de vous, et ce n'est que dans l'agitation d'une vie active que vous pouvez retrouver le repos » (*La Nouvelle Héloïse*, III, xxiii, éd. citée p. 394). — 6. *État* : profession (suivant Littré, qui cite cette phrase de *René*). — 7. Cet éloge du mariage contraste fort avec le sombre tableau de la vie conjugale que brosse à Atala le Père Aubry : « Je vous épargne les détails des soucis du ménage, les disputes, les reproches mutuels, les inquiétudes et toutes ces peines secrètes qui veillent sur l'oreiller du lit conjugal. [...] Il y a toujours quelques points par où deux cœurs ne se touchent pas, et ces points suffisent à la longue pour rendre la vie insupportable » (*Atala*, éd. Bordas, p. 132-134).

*heureux ! L'ardeur de votre âme, la beauté de votre génie, votre
air noble et passionné, ce regard fier et tendre, tout vous
assurerait de son amour et de sa fidélité. Ah ! avec quelles*
660 *délices ne te presserait-elle pas dans ses bras et sur son cœur !
Comme tous ses regards, toutes ses pensées seraient attachés
sur toi pour prévenir tes moindres peines[1] ! Elle serait tout
amour, toute innocence devant toi; tu croirais retrouver une
sœur.*

665   *Je pars pour le couvent de... Ce monastère, bâti au bord de
la mer, convient à la situation de mon âme. La nuit, du fond de
ma cellule, j'entendrai le murmure des flots qui baignent les
murs du couvent[2]; je songerai à ces promenades que je faisais
avec vous, au milieu des bois, alors que nous croyions retrouver*
670 *le bruit des mers dans la cime agitée des pins[3]. Aimable
compagnon de mon enfance, est-ce que je ne vous verrai plus[4]?
A peine plus âgée que vous, je vous balançais dans votre berceau;
souvent nous avons dormi ensemble. Ah ! si un même tombeau
nous réunissait un jour[5] ! Mais non : je dois dormir seule sous*
675 *les marbres glacés de ce sanctuaire où reposent pour jamais ces
filles qui n'ont point aimé.*

    *Je ne sais si vous pourrez lire ces lignes à demi effacées par
mes larmes. Après tout, mon ami, un peu plus tôt, un peu plus
tard, n'aurait-il pas fallu nous quitter ? Qu'ai-je besoin de vous*
680 *entretenir de l'incertitude et du peu de valeur de la vie? Vous*

---

1. Texte de 1802 : « *pour prévenir tes moindres* désirs, pour soulager tes moindres *peines* ! » — 2. Situé plus loin à « B... » (l. 765), ce monastère est en réalité le couvent des Ursulines de Saint-Malo, bâti au bord des remparts et d'allure très austère — le « couvent de la Victoire » où Chateaubriand venait les jours de fête : « mon oreille était frappée de la douce voix de quelques femmes invisibles : l'harmonie de leurs cantiques se mêlait aux mugissements des flots » (*Mémoires d'outre-tombe*, I, IV, p. 32). — 3. Cette analogie sonore est un thème cher à Chateaubriand : « Les bruits du pin », écrit-il dans le *Voyage au Mont-Blanc* (1806), « quand ils sont violents, ressemblent au mugissement de la mer : vous croyez quelquefois entendre gronder l'Océan au milieu des Alpes » (*Œuvres complètes*, t. VII, p. 305); « Le silence régnait », dit-il du site de la Trappe de Rancé; « si l'on entendait du bruit, ce n'était que le son des arbres ou les murmures de quelques ruisseaux; murmures faibles ou renflés selon la lenteur ou la rapidité du vent; on n'était pas bien certain de n'avoir pas ouï la mer » (*Vie de Rancé*, éd. Regard p. 1070). — 4. Cf., dans le *Tiridate* de Campistron (1691), les adieux du héros à sa sœur Érinice :

      « Je ne te verrai plus, ô sœur fatale et chère !
      Les mers entre nous deux vont servir de barrière.
      Je ne te verrai plus, et toutes tes beautés
      N'agiront plus de loin sur mes sens enchantés. »

(Cité par André Monglond, *le Préromantisme français*, Paris, Arthaud, 1930, t. I, p. 236-237). — 5. Ainsi Paul et Virginie couchaient « dans le même berceau » et furent inhumés côte à côte, « au pied des mêmes roseaux » (*Paul et Virginie*, Bordas, p. 25 et 140).

vous rappelez le jeune M... qui fit naufrage à l'Isle-de-France [1].
*Quand vous reçûtes sa dernière lettre, quelques mois après sa
mort, sa dépouille terrestre n'existait même plus* [2], *et l'instant où
vous commenciez son deuil en Europe, était celui où on le*
685 *finissait aux Indes. Qu'est-ce donc que l'homme, dont la mémoire
périt* [3] *si vite* [4]? *Une partie de ses amis ne peut apprendre sa
mort, que l'autre n'en soit déjà consolée! Quoi, cher et trop cher
René, mon souvenir s'effacera-t-il si promptement de ton cœur?
O mon frère, si je m'arrache à vous dans le temps, c'est pour*
690 *n'être pas séparée de vous dans l'éternité.*

Amélie [5]

*P.S. Je joins ici l'acte de la donation de mes biens;
j'espère que vous ne refuserez pas cette marque* [6] *de mon amitié* [7].

« La foudre qui fût tombée à mes pieds ne m'eût pas causé
695 plus d'effroi que cette lettre. Quel secret Amélie me cachait-
elle? Qui la forçait si subitement à embrasser la vie religieuse?
Ne m'avait-elle rattaché à l'existence par le charme de
l'amitié, que pour me délaisser tout à coup? Oh! pourquoi
était-elle venue me détourner de mon dessein! Un mouvement
700 de pitié l'avait rappelée auprès de moi, mais bientôt fatiguée
d'un pénible devoir, elle se hâte de quitter un malheureux

---

1. Texte de 1802 : « *le jeune du T... qui périt à l'Isle-de-France* ». On a vu ici l'évocation du frère de la comtesse de Beaumont, Auguste de Montmorin, jeune officier de marine disparu dans une tempête alors qu'il revenait de l'Ile de France (l'île Maurice) en 1793 (A. Bardoux), ou bien celle d'un cousin de Chateaubriand lui-même, le jeune Pierre du Plessis, qui périt lui aussi en mer, près d'une côte africaine (G. Chinard). — 2. Dans sa préface à la 1re éd. du *Génie du christianisme* (passage cité dans les *Mémoires d'outre-tombe*, XI, IV, p. 398), Chateaubriand prétend également que, lorsqu'il reçut en 1798, à Londres, la lettre de sa sœur, Julie de Farcy, lui annonçant la mort de leur mère et lui transmettant le vœu que celle-ci avait fait de le voir revenir à la foi chrétienne, Mme de Farcy était déjà morte elle-même : « Quand la lettre me parvint au-delà des mers, ma sœur elle-même n'existait plus; elle était morte aussi des suites de son emprisonnement. Ces deux voix sorties du tombeau, cette mort qui servait d'interprète à la mort, m'ont frappé. Je suis devenu chrétien » (*Génie*, éd. Reboul, t. II, p. 398). On sait qu'un examen minutieux des dates a fait justice de cette chronologie bouleversante. — 3. Texte de 1802 : « *la mémoire s'abolit* ». — 4. Grand thème biblique, voir par exemple *Livre de la Sagesse*, II, 4 : « Avec le temps, notre nom tombera dans l'oubli, nul ne se rappellera nos travaux; notre vie passera comme les traces d'un nuage, elle se dissipera comme un brouillard que chassent les rayons du soleil... » — 5. Gilbert Chinard (*op. cit.*) a voulu rapprocher de la lettre d'adieu d'Amélie à René celle que l'indienne Zaka, dans l'*Homme sauvage* de Louis-Sébastien Mercier (roman paru en 1767), écrit à son frère Zidzem, du couvent de San Salvador où elle est devenue religieuse et où elle n'a plus qu'horreur pour l'inceste qu'ils ont commis par ignorance; elle aussi y exalte, en effet, les bienfaits de cette « saine solitude que la religion et le repentir habitent », mais le ton de la lettre (de même que le sens général du roman, écrit à la gloire de la « civilisation », est très différent de l'ouvrage de Chateaubriand. — 6. Texte de 1802 : « *cette petite marque* ». — 7. *Amitié*, au sens classique : tout sentiment d'affection, d'amour.

qui n'avait qu'elle sur la terre. On croit avoir tout fait quand on a empêché un homme de mourir! Telles étaient mes plaintes. Puis faisant un retour sur moi-même : "Ingrate
705 Amélie, disais-je, si tu avais été à ma place, si, comme moi, tu avais été perdue dans le vide de tes jours [1], ah! tu n'aurais pas été abandonnée de ton frère."

---

1. Texte de 1802 : « *si, comme moi*, tu eusses été accablée du *vide de tes jours* ».

● **La fuite d'Amélie** (l. 584-707)

① Quel est l'effet produit par l'interruption du récit que constituent les lignes 584-595? Est-ce habile? Analysez les sentiments de René qui s'y traduisent.

② Que signifie la précision avec laquelle René a observé, et décrit ici, les manifestations du trouble où se trouvait sa sœur? Y pouvez-vous voir un détail laissant entendre que lui-même pourrait être la cause des alarmes d'Amélie? Est-ce à dessein que Chateaubriand reprend ici très visiblement les descriptions traditionnelles de la naissance de l'amour (cf. les textes cités dans les notes)?

③ Montrez comment le récit de René ménage l'attente dramatique, en aiguisant la curiosité et l'inquiétude de ses interlocuteurs (la *correspondance mystérieuse*, l. 613, la découverte brutale de la chambre vide, les ambiguïtés mêmes de la lettre d'Amélie...).

④ La lettre d'Amélie : n'est-elle pas à la fois une confidence où la jeune fille s'abandonne jusqu'au bord d'un aveu qu'elle retient à peine (en quel[s] endroit[s] précis de la lettre est-il à peine déguisé?) et une exhortation où elle s'efforce d'être raisonnable et de convaincre son frère (que pensez-vous de ses arguments? est-elle habile? « bonne psychologue »?)? Sur quel sentiment s'achève la lettre? Appréciez la composition de l'ensemble.

⑤ Pouvez-vous situer l'art de cette lettre dans la longue tradition française des romans épistolaires? Comparez-la, d'autre part, avec le fragment d'une autre lettre d'Amélie que René lira un peu plus tard (l. 947-963); et à la lettre de René à Céluta (citée ici p. 113).

⑥ Les sentiments de René après la lecture de la lettre vous paraissent-ils tout à fait vraisemblables? Comment expliquer que le malentendu s'aggrave? Peut-on juger René à ce moment précis de son histoire?

» Cependant, quand je relisais la lettre, j'y trouvais je ne sais quoi de si triste et de si tendre, que tout mon cœur se 710 fondait. Tout à coup il me vint une idée qui me donna quelque espérance : je m'imaginai qu'Amélie avait peut-être conçu une passion pour un homme qu'elle n'osait avouer [1]. Ce soupçon sembla m'expliquer sa mélancolie, sa correspondance mystérieuse, et le ton passionné qui respirait dans 715 sa lettre. Je lui écrivis aussitôt pour la supplier de m'ouvrir son cœur [2].

» Elle ne tarda pas à me répondre, mais sans me découvrir son secret : elle me mandait seulement qu'elle avait obtenu les dispenses du noviciat, et qu'elle allait prononcer ses 720 vœux [3].

» Je fus révolté [4] de l'obstination d'Amélie, du mystère de ses paroles, et de son peu de confiance en mon amitié.

» Après avoir hésité un moment sur le parti que j'avais à prendre, je résolus d'aller à B... pour faire un dernier effort 725 auprès de ma sœur [5]. La terre où j'avais été élevé se trouvait sur la route. Quand j'aperçus les bois où j'avais passé les seuls moments heureux de ma vie, je ne pus retenir mes larmes, et il me fut impossible de résister à la tentation de leur dire un dernier adieu [6].

---

1. Texte de 1802 : « *pour un homme d'un rang inférieur, et qu'elle n'osait avouer* à cause de l'orgueil de notre famille ». La relative complète *homme*, et non *passion*. — 2. Texte de 1802 : « *Je lui écrivis aussitôt pour* lui faire les plus tendres reproches, *pour la supplier de m'ouvrir son cœur,* et de ne pas sacrifier le bonheur de sa vie à des parents qui lui étaient presque étrangers .» — 3. Texte de 1802 : « *Elle ne tarda pas à me répondre, elle me mandait* qu'elle était déterminée, *qu'elle avait obtenu les dispenses du noviciat, et qu'elle allait prononcer* immédiatement *ses vœux.* Elle ajoutait, en finissant : "J'ai que trop négligé notre famille; c'est vous que j'ai uniquement aimé : mon ami, Dieu n'approuve point ces préférences, il m'en punit aujourd'hui". » — 4. Texte de 1802 : « Ce billet me donna un mouvement de rage, *je fus révolté.* » — 5. Texte de 1802 : « *je me résolus d'aller à B...* dans le dessein de retarder au moins le sacrifice, si je ne pouvais l'empêcher de s'accomplir ». — 6. Du texte de 1802 a été ici retranchée cette phrase : « Je me détournai donc un moment pour accomplir ce sacré pèlerinage ». Ainsi que René, Chateaubriand voulut revoir une dernière fois Combourg en février ou mars 1791, avant de s'embarquer pour l'Amérique : « Le château était abandonné, je fus obligé de descendre chez le régisseur. Lorsque, en errant dans le grand Mail, j'aperçus du fond d'une vallée obscure le perron désert, la porte et les fenêtres fermées, je me trouvai mal. Je regagnai avec peine le village; j'envoyai chercher mes chevaux et je partis au milieu de la nuit » (*Mémoires d'outre-tombe,* III, xvi, p. 105). En vérité, Chateaubriand revit Combourg une fois encore avant de publier *René* et, s'il n'en souffle mot dans ses *Mémoires,* on en a la preuve dans une lettre à Mme de Staël du 24 juin 1801 : « J'ai voyagé; j'ai vu le toit paternel, la Révolution a passé là, c'est tout vous dire. Les cendres mêmes de mon père ont été jetées au vent » (*Correspondance,* t. I, p. 51).

● **Combourg**

A l'ultime visite de René au domaine familial, on comparera le récit que Chateaubriand fait en 1812, dans les *Mémoires d'outre-tombe* (livre I, chap. VII, éd. citée p. 43-45), de son arrivée à Combourg, en mai 1777 (il avait moins de neuf ans).

[...] Nous traversâmes ensuite les marais et la fièvreuse ville de Dol : passant devant la porte du collège où j'allais bientôt revenir, nous nous enfonçâmes dans l'intérieur du pays.

Durant quatre mortelles lieues, nous n'aperçûmes que des bruyères guirlandées de bois, des friches[1] à peine écrêtées, des semailles de blé noir, court et pauvre, et d'indigents avénières[2]. Des charbonniers conduisaient des files de petits chevaux à crinière pendante et mêlée; des paysans à sayons de peau de bique, à cheveux longs, pressaient des bœufs maigres avec des cris aigus et marchaient à la queue d'une lourde charrue, comme des faunes labourant. Enfin, nous découvrîmes une vallée au fond de laquelle s'élevait, non loin d'un étang, la flèche de l'église d'une bourgade. A l'extrémité occidentale de cette bourgade, les tours d'un château féodal montaient dans les arbres d'une futaie éclairée par le soleil couchant.

J'ai été obligé de m'arrêter : mon cœur battait au point de repousser la table sur laquelle j'écris. Les souvenirs qui se réveillent dans ma mémoire m'accablent de leur force et de leur multitude : et pourtant, que sont-ils pour le reste du monde?

Descendus de la colline, nous guéâmes un ruisseau; après avoir cheminé une demi-heure, nous quittâmes la grande route, et la voiture roula au bord d'un quinconce, dans une allée de charmilles dont les cimes s'entrelaçaient au-dessus de nos têtes : je me souviens encore du moment où j'entrai sous cet ombrage et de la joie effrayée que j'éprouvai.

En sortant de l'obscurité du bois, nous franchîmes une avant-cour plantée de noyers, attenante au jardin et à la maison du régisseur; de là nous débouchâmes par une porte bâtie dans une cour de gazon, appelée la *Cour Verte*. A droite étaient de longues écuries et un bouquet de marronniers; à gauche, un autre bouquet de marronniers. Au fond de la cour, dont le terrain s'élevait insensiblement, le château se montrait entre deux groupes d'arbres. Sa triste et sévère façade présentait une courtine portant une galerie à mâchicoulis, denticulée[3] et couverte. Cette courtine liait ensemble deux tours inégales en âge, en matériaux, en hauteur et en grosseur, lesquelles tours se terminaient par des créneaux surmontés d'un toit pointu, comme un bonnet posé sur une couronne gothique.

Quelques fenêtres grillées apparaissaient çà et là sur la nudité des murs. Un large perron, raide et droit, de vingt-deux marches, sans rampes, sans garde-fou, remplaçait sur les fossés comblés l'ancien pont-levis...

---

1. Une *friche* est proprement une terre laissée quelque temps inculte. — 2. Champs d'avoine (le mot n'est plus recensé par Littré). — 3. Une *courtine* est la section de rempart entre deux bastions; les *mâchicoulis* sont des ouvertures pratiquées dans la galerie saillant au haut d'un rempart ou d'une tour; *denticulé* : découpé en forme de dents.

730 » Mon frère aîné avait vendu l'héritage paternel [1], et le nouveau propriétaire ne l'habitait pas. J'arrivai au château par la longue avenue de sapins ; je traversai à pied les cours désertes ; je m'arrêtai à regarder les fenêtres fermées ou demi-brisées, le chardon qui croissait au pied des murs, les
735 feuilles qui jonchaient le seuil des portes, et ce perron solitaire où j'avais vu si souvent mon père et ses fidèles serviteurs. Les marches étaient déjà couvertes de mousse ; le violier [2] jaune croissait entre leurs pierres déjointes [3] et tremblantes. Un gardien inconnu m'ouvrit brusquement les portes.
740 J'hésitais à franchir le seuil ; cet homme s'écria : "Eh bien ! allez-vous faire comme cette étrangère qui vint ici il y a quelques jours ? Quand ce fut pour entrer, elle s'évanouit, et je fus obligé [4] de la reporter à sa voiture." Il me fut aisé de reconnaître l'*étrangère* qui, comme moi, était venue chercher
745 dans ces lieux des pleurs et des souvenirs !

» Couvrant un moment mes yeux de mon mouchoir, j'entrai sous le toit de mes ancêtres. Je parcourus les appartements sonores où l'on n'entendait que le bruit de mes pas. Les chambres étaient à peine éclairées [5] par la faible lumière
750 qui pénétrait entre les volets fermés : je visitai celle où ma mère avait perdu la vie en me mettant au monde [6], celle où se retirait mon père, celle où j'avais dormi dans mon berceau, celle enfin où l'amitié avait reçu mes premiers vœux dans le sein d'une sœur. Partout les salles étaient détendues [7], et
755 l'araignée filait sa toile dans les couches abandonnées. Je sortis précipitamment de ces lieux, je m'en éloignai à grands pas, sans oser tourner la tête. Qu'ils sont doux, mais qu'ils sont rapides, les moments que les frères et les sœurs passent dans leurs jeunes années, réunis sous l'aile de leurs
760 vieux parents ! La famille de l'homme n'est que d'un jour ; le souffle de Dieu la disperse comme une fumée [8]. A peine le

---

1. En fait, si Combourg fut pillé sous la Révolution (et le mobilier, confisqué, mis aux enchères en juin 1794), il demeura bien dans la famille de Chateaubriand. Quant à son *frère aîné*, Jean-Baptiste, il avait été guillotiné le 22 avril 1794. — 2. Nom ancien et familier de la giroflée. — 3. *Déjointes* (pour : disjointes) est rare, mais signalé dans le *Dictionnaire de l'Académie* de 1798. — 4. Texte de 1802 : « *Quand ce fut pour entrer, elle devint pâle et tremblante, et l'on fut obligé* ». — 5. Texte de 1802 : « *le bruit de mes pas*, et qui n'étaient éclairés que par ». — 6. On sait que tel ne fut pas le destin de Mme de Chateaubriand, morte en 1798. Voir p. 52, note 3. — 7. On en avait retiré les tapisseries. — 8. *Livre de Job*, IV, 9 : « *Flante Deo periisse et spiritu irae eius esse consumptos* ; L'haleine de Dieu les a fait mourir et le souffle de sa colère les a anéantis. »

fils connaît-il le père, le père le fils, le frère la sœur, la sœur le frère! Le chêne voit germer ses glands autour de lui : il n'en est pas ainsi des enfants des hommes [1]!

765 » En arrivant à B..., je me fis conduire au couvent; je demandai à parler à ma sœur. On me dit qu'elle ne recevait personne. Je lui écrivis : elle me répondit que, sur le point de se consacrer à Dieu, il ne lui était pas permis de donner une pensée au monde; que si je l'aimais, j'éviterais de l'accabler

770 de ma douleur. Elle ajoutait : « Cependant si votre projet est de paraître à l'autel le jour de ma profession, daignez m'y

---

1. Tout ce passage séduisit particulièrement les premiers lecteurs de *René* : « Il n'est personne, écrivait le critique du *Mercure de France* (n° du 15 floréal an X = 5 mai 1802), qui n'ait senti le charme douloureux de cette dernière visite au château paternel. » On a signalé l'analogie de ce récit avec celui que Werther faisait de son « pèlerinage aux lieux qui [l]'ont vu naître » (*Les Souffrances du jeune Werther*, livre II, lettre du 9 mai 1772, éd. B. Groethuysen des *Romans* de Gœthe, Bibl. de la Pléiade, p. 87-88). Après Chateaubriand, même thème dans *Milly ou la Terre natale* de Lamartine *(Harmonies)*.

● **Dernier adieu au domaine familial (l. 708-764)**

① La résolution que prend René d'aller tenter *un dernier effort* (l. 724) auprès de sa sœur vous paraît-elle liée à l'explication que, revenu à plus de calme, il croit avoir trouvée au trouble et au comportement étrange de celle-ci? Commentez la phrase (l. 721 et suiv.) : « Je fus révolté de l'obstination d'Amélie, du mystère de ses paroles, et de son peu de confiance en mon amitié. »

② Comparez la description faite ici par René de son pèlerinage au château de son enfance avec celle que Chateaubriand lui-même donne de sa dernière visite à Combourg, dans les *Mémoires d'outre-tombe* (texte cité p. 93) : les éléments réels, le sens des transpositions et des modifications apportées aux souvenirs qu'il utilise. Signification de ce passage ainsi placé dans le roman.

③ Quel effet Chateaubriand tire-t-il d'évoquer, au cours de la visite de René, celle de *l'étrangère*, comme en « surimpression » un peu floue...? Étudiez les moyens dramatiques de ce récit (commentez par exemple la phrase : « Un gardien *inconnu* m'ouvrit *brusquement* les portes » [l. 739], la rupture de rythme qu'elle opère dans le paragraphe...).

④ Le thème du retour à la « terre natale » a-t-il été illustré par les poètes romantiques? En vue de quelle réflexion Chateaubriand le traite-t-il ici? Quelle peut être son utilité dans le dessein d'ensemble du *Génie du christianisme*?

servir de père ; ce rôle est le seul digne de votre courage, le seul qui convienne à notre amitié, et à mon repos. »

775 « Cette froide fermeté qu'on opposait à l'ardeur de mon amitié, me jeta dans de violents transports. Tantôt j'étais près de retourner sur mes pas ; tantôt je voulais rester, uniquement pour troubler le sacrifice. L'enfer me suscitait jusqu'à la pensée de me poignarder dans l'église, et de mêler mes derniers soupirs aux vœux qui m'arrachaient ma sœur. La 780 supérieure du couvent me fit prévenir qu'on avait préparé un banc dans le sanctuaire, et elle m'invitait à me rendre à la cérémonie qui devait avoir lieu dès le lendemain [1].

---

1. On a souvent admiré ce récit de la prise de voile d'Amélie : « L'extrême exactitude dans le narré de la cérémonie semble supposer la consultation d'un rituel », écrivait Jean Pommier (art. de 1937, voir notre Bibliographie), tandis qu'Eugène Herpin (*Chateaubriand et sa cousine Mère des Séraphins*, in *Annales romantiques*, t. IX, mars-avril 1912, p. 118-127) pensait que, François-René ayant assisté le 5 mai 1780 (il avait douze ans) à la consécration religieuse de sa cousine Marie-Anne de Chateaubriand dans le couvent de la Victoire de Saint-Malo, la cérémonie « laissa dans son âme un impérissable souvenir et lui inspira évidemment la prise de voile qu'il a décrite dans *René* ». Mais il convient de remarquer, avec André Monglond (*Le Préromantisme français*, t. I, p. 256-258), que la prise de voile est un thème très fréquemment exploité dans le roman français du XVIIIᵉ siècle ; du récit de *René*, il rapproche cette page d'un roman de Mᵐᵉ Brayer de Saint-Léon paru en 1799, *Eugenio et Virginia* (t. II, p. 21-22) : « Une foule immense remplissait l'église, tout ce qu'il y avait de personnes distinguées dans les villes de San-Cipriano, placées près de la grille, fixait des regards attendris sur l'intéressante novice, dont la beauté, les grâces modestes faisaient naître une admiration qui s'exprimait sourdement par des regrets et des murmures. Virginia prononça la fatale formule d'une voix forte et élevée ; ses yeux brillaient d'un éclat céleste ; mais, bientôt après, une pâleur extrême se répandit sur sa charmante figure ; et lorsqu'on plaça sur sa tête le drap mortuaire, emblème funèbre de son renoncement au monde, elle parut près de s'évanouir. L'abbesse, qui n'avait cessé de veiller à tous ses mouvements, l'emmena chez elle immédiatement après la cérémonie ; et là, par les discours les plus affectueux, les plus consolants, elle parvint à ranimer ses forces et son courage. »

■■■

● **Flaubert à Combourg**

En mai-août 1847 (il a vingt-cinq ans), Gustave Flaubert fit avec son ami Maxime Du Camp un voyage en Bretagne dont ils rédigèrent ensemble le récit (Flaubert écrivant les chapitres impairs, Du Camp les pairs). Le chapitre IX de *Par les champs et par les grèves* (publié seulement en 1885, après la mort de Flaubert) est de Flaubert, qui y relate leur visite au berceau de René.

Après avoir longé un grand mur, on entre par une vieille porte ronde dans une cour de ferme silencieuse. Le silex sort ses pointes sur la terre battue où se montre une herbe rare, salie par les fumiers qu'on traîne. Il n'y avait personne. Les écuries étaient vides. Dans les hangars, les poules juchées sur le timon des charrettes dormaient la tête sous l'aile. Au pied des bâtiments, la poussière de la paille tombée des granges assourdissait le bruit des pas. Quatre grosses tours, rejointes par les courtines, laissent voir sous leur toit pointu les trous de leurs créneaux qui ressemblent aux sabords [1] d'un navire; et les meurtrières dans les tours, ainsi que sur le corps du château, de petites fenêtres, irrégulièrement percées, font des baies noires inégales sur la couleur grise des pierres. Un large perron d'une trentaine de marches [2] monte tout droit au premier étage devenu rez-de-chaussée des appartements de l'intérieur depuis qu'on en a comblé les douves. Le « violier jaune » n'y croissait pas, mais les lentisques et les orties, avec la mousse verdâtre et les lichens. A gauche, à côté de la tourelle, un bouquet de marronniers a gagné jusqu'à son toit et l'abrite de son feuillage.

Par les grandes fenêtres, la teinte verte des bois d'en face jetait un reflet livide sur la muraille blanchie. Tout à leur pied, le lac est répandu, étalé sur l'herbe parmi les joncs; sous les fenêtres les troènes, les acacias et les lilas, poussés pêle-mêle dans l'ancien parterre, couvrent de leur taillis sauvage le talus qui descend jusqu'à la grande route; elle passe sur la berge du lac et continue ensuite par la forêt.

Rien ne résonnait dans la salle déserte où jadis, à cette heure, s'asseyait sur le rebord de ces fenêtres l'enfant qui fut René [...].

Le soir, nous avons été sur le bord du lac, de l'autre côté, dans la prairie. La terre le gagne, il s'y perd de plus en plus; il disparaîtra bientôt, et les blés pousseront où tremblent maintenant les nénuphars. La nuit tombait. Le château, flanqué de ses quatre tourelles, encadré dans sa verdure et dominant le village qu'il écrase, étendait sa grande masse sombre. Le soleil couchant, qui passait devant sans l'atteindre, le faisait paraître noir, et ses rayons, effleurant la surface du lac, allaient se perdre dans la brume, sur la cime violette des bois immobiles.

Assis sur l'herbe, au pied d'un chêne, nous lisions *René*. Nous étions devant ce lac où il contemplait l'hirondelle agile sur le roseau mobile, à l'ombre de ces bois où il poursuivait l'arc-en-ciel sur les collines pluvieuses; nous écoutions ce frémissement de feuilles, ce bruit de l'eau sous la brise qui avaient mêlé leurs murmures à la mélodie éplorée des ennuis de sa jeunesse. A mesure que l'ombre tombait sur les pages du livre, l'amertume des pages gagnait nos cœurs, et nous nous fondions avec délices dans ce je ne sais quoi de large, de mélancolique et de doux.[...]

Rien ne dira les gestations de l'idée, ni les tressaillements que font subir à ceux qui les portent les grandes œuvres futures; mais on s'éprend à voir les lieux où elles ont été conçues, vécues, comme s'ils avaient gardé quelque chose de l'idéal inconnu qui vibra jadis.

O sa chambre! sa chambre! sa pauvre petite chambre d'enfant! C'est là que tourbillonnaient, l'appelaient des fantômes confus qui tourmentaient ses heures en lui demandant à naître : Atala secouant au vent des Florides les magnolias de sa chevelure; Velléda, au clair de lune, courant sur la bruyère; Cymodocée voilant son sein nu sous la griffe des léopards [3], et la blanche Amélie, et le pâle René!

---

1. *Sabord* : ouverture quadrangulaire dans la coque d'un vaisseau pour laisser passer la bouche d'un canon. — 2. Vingt-deux, exactement. — 3. Héroïnes des *Martyrs*. La jeune païenne *Cymodocée* s'y éprend du chrétien Eudore, se convertit et meurt avec lui dans l'arène, dévorée par un tigre (livre XXIV, éd. Regard p. 498), au moment même où Constantin vainqueur proclame le christianisme religion de l'Empire romain; *Velléda* est la druidesse qu'Eudore rencontre en Armorique, qui s'éprend de lui et, dédaignée du jeune chrétien, tombe dans la folie, puis se suicide avec sa faucille d'or : la page est une des plus célèbres des *Martyrs*, où Eudore décrit Velléda désespérée, « assise sur la bruyère [...], pâle, et les yeux fatigués de pleurs » (livre X, p. 266).

... ma raison s'égare, je me laisse tomber sur le linceul de la mort,
je presse ma sœur dans mes bras... (l. 850 et suiv.)

» Au lever de l'aube, j'entendis le premier son des cloches [1]... Vers dix heures, dans une sorte d'agonie, je me traînai au monastère. Rien ne peut plus être tragique quand on a assisté à un pareil spectacle; rien ne peut plus être douloureux quand on y a survécu.

» Un peuple immense remplissait l'église. On me conduit au banc du sanctuaire; je me précipite à genoux sans presque savoir où j'étais, ni à quoi j'étais résolu. Déjà le prêtre attendait à l'autel; tout à coup la grille mystérieuse s'ouvre, et Amélie s'avance, parée de toutes les pompes du monde. Elle était si belle, il y avait sur son visage quelque chose de si divin, qu'elle excita un mouvement de surprise et d'admiration. Vaincu par [2] la glorieuse douleur de la sainte, abattu par les grandeurs de la religion, tous mes projets de violence s'évanouirent; ma force m'abandonna; je me sentis lié par une main toute-puissante, et, au lieu de blasphèmes et de menaces, je ne trouvai dans mon cœur que de profondes adorations et les gémissements de l'humilité.

» Amélie se place sous un dais [3]. Le sacrifice commence à la lueur des flambeaux [4], au milieu des fleurs et des parfums, qui devaient rendre l'holocauste agréable. A l'offertoire, le prêtre se dépouilla de ses ornements, ne conserva qu'une tunique de lin, monta en chaire, et, dans un discours simple et pathétique, peignit le bonheur de la vierge [5] qui se consacre au Seigneur. Quand il prononça ces mots : "Elle a paru comme l'encens qui se consume dans le feu" [6], un grand calme et des odeurs célestes semblèrent se répandre dans l'auditoire; on se sentit comme à l'abri sous les ailes de la colombe mystique [7], et l'on eût cru voir les anges descendre sur l'autel et remonter vers les cieux avec des parfums et des couronnes [8].

» Le prêtre achève son discours, reprend ses vêtements, continue le sacrifice. Amélie, soutenue de deux jeunes

---

1. Texte de 1802 : « *des cloches*, qui annonçait le sacrifice... » — 2. Texte de 1802 : « un mouvement d'admiration et de surprise. Foudroyé par ». — 3. Texte de 1802 : « *Amélie se* plaça *sous un dais* qu'on avait préparé pour elle. » — 4. Texte de 1802 : « *à la lueur* de cent *flambeaux* ». — 5. Dans le texte de 1802, les verbes de cette phrase étaient au présent (se dépouille, conserve, monte, peint). — 6. *Ecclésiastique*, L, 9 : « *Apparuit* [...] *quasi ignis effulgens et thus ardens in igne;* Elle a paru comme un feu étincelant et un encens qui brûle dans le feu. » — 7. Le Saint-Esprit. — 8. Chateaubriand enfant avait, nous dit-il dans les *Mémoires d'outre-tombe*, connu de semblables transports mystiques : dans la cathédrale de Saint-Malo, « j'éprouvais un sentiment extraordinaire de religion. [...] je voyais les cieux ouverts, les anges offrant notre encens et nos vœux... » (I, IV, p. 32).

religieuses, se met à genoux sur la dernière marche de l'autel. On vient alors me chercher, pour remplir les fonctions paternelles. Au bruit de mes pas chancelants dans le sanc-
820 tuaire, Amélie est prête à défaillir. On me place à côté du prêtre, pour lui présenter les ciseaux. En ce moment je sens renaître mes transports ; ma fureur[1] va éclater, quand Amélie, rappelant son courage, me lance un regard où il y a tant de reproche et de douleur, que j'en suis atterré. La religion
825 triomphe. Ma sœur profite de mon trouble ; elle avance hardiment la tête. Sa superbe chevelure[2] tombe de toutes parts sous le fer sacré ; une longue robe d'étamine remplace pour elle les ornements du siècle, sans la rendre moins touchante ; les ennuis de son front se cachent sous un bandeau de lin ; et le voile mystérieux, double symbole de
830 la virginité et de la religion, accompagne sa tête dépouillée. Jamais elle n'avait paru si belle. L'œil de la pénitente était attaché sur la poussière du monde, et son âme était dans le ciel.

 » Cependant Amélie n'avait point encore prononcé ses
835 vœux ; et pour mourir au monde[3] il fallait qu'elle passât à travers[4] le tombeau. Ma sœur se couche sur le marbre ; on étend sur elle un drap mortuaire ; quatre flambeaux en marquent les quatre coins. Le prêtre, l'étole au cou, le livre à la main, commence l'Office des morts ; de jeunes vierges
840 le continuent. O joies de la religion, que vous êtes grandes, mais que vous êtes terribles ! On m'avait contraint de me placer à genoux, près de ce lugubre appareil[5]. Tout à coup un murmure confus sort de dessous le voile sépulcral ; je m'incline, et ces paroles épouvantables (que je fus seul à

---

1. Au sens classique du mot (lat. *furor*) : passion excessive, folie frénétique. —
2. Jean-Pierre Richard (*op. cit.*, p. 77) a tenté de définir le sens dont, chez Chateaubriand, est investi le thème de la *chevelure*, qui « représente un moment effusif, un état à demi vaporisé de la chair voluptueuse. Celle-ci ne pouvant être rêvée dans sa densité — le thème de la corruption, entre autres, s'y opposerait — s'y voit rejointe et pénétrée dans cette marge choisie de vibratilité, de légèreté palpable et frémissante. Caresser une chevelure, cela revient alors à épouser, au delà de toutes les lourdeurs charnelles, le frisson vital de l'être aimé. Condamner l'amour conduit inversement à sacrifier la chevelure : mutilation, la psychanalyse dirait castration, dont René éprouve par exemple l'horreur au moment des vœux religieux d'Amélie ». Et le critique rapproche de cet épisode la réflexion de Chateaubriand, âgé d'une dizaine d'années, voyant abattre des sycomores dans le parc d'une abbaye bénédictine (*Mémoires*, II, III, p. 55) : « Des charpentiers, venus de Saint-Malo, sciaient à terre des branches vertes, comme on coupe une jeune chevelure. » « Attentat criminel », commente Richard, « contre l'arbre et contre la chevelure, ces deux efflorescences d'être ». — 3. Expression traditionnelle pour signifier le renoncement définitif à la société des hommes par vocation religieuse. — 4. Texte de 1802 : « *passât* comme *à travers* ». —
5. *Appareil :* « disposition de ce qui a grandeur ou pompe » (Littré).

845 entendre), viennent frapper mon oreille : « Dieu de miséricorde, fais que je ne me relève jamais de cette couche funèbre, et comble de tes biens un frère qui n'a point partagé ma criminelle passion ! »

« A ces mots échappés du cercueil[1], l'affreuse vérité 850 m'éclaire ; ma raison s'égare, je me laisse tomber sur le linceul de la mort, je presse ma sœur dans mes bras, je m'écrie : "Chaste épouse de Jésus-Christ[2], reçois mes derniers embrassements à travers les glaces du trépas et les profondeurs de l'éternité, qui te séparent déjà de ton frère !"

---

1. Texte de 1802 : « *échappés du* creux du *cercueil* »; 1802-4 : « échappés comme du creux du cercueil ». — 2. La prise de voile est en effet considérée comme les noces mystiques de la nouvelle religieuse avec le Christ.

■■■

● « **L'affreuse vérité** » (l. 765-866)

① *Ce rôle est le seul digne de votre courage* (l. 772) : montrez comment, dans cette préparation de la scène capitale du roman, les deux personnages se situent l'un l'autre comme les héros d'une tragédie ; étudiez de ce point de vue le vocabulaire, le rythme et l'enchaînement des phrases (l. 765-782). La nouvelle tentation qu'éprouve René de se donner la mort est-elle semblable à la première ?

② La prise de voile : mise en scène de l'épisode ; les détails visuels sont-ils toutefois nombreux lorsque le narrateur fait entrer Amélie dans le sanctuaire ? Lignes 788-800 : appréciez exactement la nature de l'émotion de René (à comparer avec les lignes 372-387) ; comment évolue-t-elle dans le paragraphe suivant ? Importance du vocabulaire mystique : croyez-vous que la « transformation » de René soit profonde et complète ? Étudiez le mélange des indications réellement descriptives et du vocabulaire de l'émotion. Avez-vous ici l'impression d'un « morceau de bravoure » ?

③ L'insistance sur le thème de la mort — lequel a tout à fait sa place dans cette phase d'une prise de voile — n'a-t-elle pas aussi un autre but, et un autre effet ?

④ *Ces paroles épouvantables (que je fus seul à entendre)* (l. 844) : vraisemblance de ce moment précis du récit ? que pensez-vous du style des lignes 842-854 ? A quelle phase du schéma classique de la tragédie cette scène est-elle comparable ? Mais le tragique ici est-il pur ?

⑤ Commentez la comparaison finale du monastère aux enfers et la référence à peine voilée à Dante (voir p. 102, note 1). Dégagez et étudiez la structure de l'ensemble de ce passage.

■■■

855 « Ce mouvement, ce cri, ces larmes, troublent la cérémonie, le prêtre s'interrompt, les religieuses ferment la grille, la foule s'agite et se presse vers l'autel; on m'emporte sans connaissance. Que je sus peu de gré à ceux qui me rappelèrent au jour! J'appris, en rouvrant les yeux, que le sacrifice était
860 consommé, et que ma sœur avait été saisie d'une fièvre ardente. Elle me faisait prier de ne plus chercher à la voir. O misère de ma vie : une sœur craindre de parler à son frère, et un frère craindre de faire entendre sa voix à une sœur! Je sortis du monastère comme de ce lieu d'expiation
865 où des flammes nous préparent pour la vie céleste, où l'on a tout perdu comme aux enfers, hors l'espérance [1].

» On peut trouver des forces dans son âme contre un malheur personnel; mais devenir la cause involontaire du malheur d'un autre, cela est tout à fait insupportable.
870 Éclairé sur les maux de ma sœur, je me figurais ce qu'elle avait dû souffrir [2]. Alors s'expliquèrent pour moi plusieurs choses que je n'avais pu comprendre : ce mélange de joie et de tristesse, qu'Amélie avait fait paraître au moment de mon départ pour mes voyages, le soin qu'elle prit de m'éviter
875 à mon retour, et cependant cette faiblesse qui l'empêcha si longtemps d'entrer dans un monastère; sans doute la fille malheureuse s'était flattée de guérir! Ses projets de retraite, la dispense du noviciat, la disposition de ses biens en ma faveur, avaient apparemment produit cette correspondance
880 secrète qui servit à me tromper.

» O mes amis, je sus donc ce que c'était que de verser des larmes, pour un mal qui n'était point imaginaire! Mes passions, si longtemps indéterminées [3], se précipitèrent sur cette première proie avec fureur. Je trouvai même une
885 sorte de satisfaction inattendue dans la plénitude de mon

---

1. Souvenir évident du vers célèbre de Dante (*Enfer*, III, 9) : « *Lasciate ogni speranza, voi ch'entrate* ; Abandonnez toute espérance, vous qui entrez ici. » — 2. Texte de 1802 : « *avait dû souffrir* auprès de moi. Victime d'autant plus malheureuse, que la pureté de ma tendresse devait lui être à la fois odieuse et chère, et qu'appelée dans mes bras par un sentiment, elle en était repoussée par un autre.
» Que de combats dans son sein! que d'efforts n'avait-elle point faits! Tantôt voulant s'éloigner de moi, et n'en ayant pas la force; craignant pour ma vie, et tremblant pour elle et pour moi. Je me reprochais mes plus innocentes caresses, je me faisais horreur. En relisant la lettre de l'infortunée (qui n'avait plus de mystères!) je m'aperçus que ses lèvres humides y avaient laissé d'autres traces que celles de ses pleurs. *Alors s'expliquèrent...* » — 3. Voir le chapitre *Du vague des passions* dans *le Génie du christianisme*, cité dans la *Préface*, p. 37.

chagrin, et je m'aperçus, avec un secret mouvement de joie, que la douleur n'est pas une affection qu'on épuise comme le plaisir.

» J'avais voulu quitter la terre avant l'ordre du Tout-Puissant; c'était un grand crime : Dieu m'avait envoyé Amélie à la fois pour me sauver et pour me punir. Ainsi, toute pensée coupable, toute action criminelle entraîne après elle des désordres et des malheurs. Amélie me priait de vivre, et je lui devais bien de ne pas aggraver ses maux. D'ailleurs (chose étrange !) je n'avais plus envie de mourir depuis que j'étais réellement malheureux. Mon chagrin était devenu une occupation qui remplissait tous mes moments : tant mon cœur est naturellement pétri d'ennui et de misère !

» Je pris donc subitement une autre résolution; je me déterminai à quitter l'Europe, et à passer en Amérique [1].

» On équipait, dans ce moment même, au port de B... [2] une flotte pour la Louisiane; je m'arrangeai avec un des capitaines de vaisseaux; je fis savoir mon projet à Amélie, et je m'occupai de mon départ.

» Ma sœur avait touché aux portes de la mort [3]; mais Dieu, qui lui destinait la première palme des vierges, ne voulut pas la rappeler si vite à lui; son épreuve ici-bas fut prolongée. Descendue une seconde fois dans la pénible carrière de la vie, l'héroïne, courbée sous la croix, s'avança courageusement à l'encontre des douleurs, ne voyant plus que le triomphe dans le combat, et dans l'excès des souffrances, l'excès de la gloire.

» La vente du peu de bien qui me restait, et que je cédai à mon frère, les longs préparatifs d'un convoi, les vents contraires, me retinrent longtemps dans le port. J'allais chaque matin m'informer des nouvelles d'Amélie, et je revenais toujours avec de nouveaux motifs d'admiration et de larmes.

» J'errais sans cesse autour du monastère bâti au bord de la mer. J'apercevais souvent à une petite fenêtre grillée qui

---

1. On sait que les raisons qui firent Chateaubriand s'embarquer pour le Nouveau Monde 8 avril 1791 étaient tout autres que celles de René (voir notre Introduction). — 2. Pour rançois-René du moins, ce n'est pas Brest, comme cette initiale le laisserait penser, mais aint-Malo qui fut le port de son embarquement pour l'Amérique; on a d'ailleurs vu plus aut (p. 89, note 2) que le monastère où s'est retirée Amélie est très vraisemblablement le uvent des Ursulines de Saint-Malo. — 3. *Psaumes* CVII, 18 : « *Adpropinquauerunt usque l portas mortis;* Ils touchèrent aux portes de la mort. »

donnait sur une plage déserte, une religieuse assise dans une
attitude pensive ; elle rêvait à l'aspect de l'océan où appa
raissait quelque vaisseau, cinglant aux extrémités de la terre
Plusieurs fois, à la clarté de la lune, j'ai revu la même
925 religieuse [1] aux barreaux de la même fenêtre : elle contem
plait la mer, éclairée par l'astre de la nuit, et semblai
prêter l'oreille au bruit des vagues qui se brisaient tristemen
sur des grèves solitaires.

» Je crois encore entendre la cloche qui, pendant la nuit
930 appelait [2] les religieuses aux veilles et aux prières. Tandi
qu'elle tintait avec lenteur [3], et que les vierges s'avançaien
en silence à l'autel du Tout-Puissant, je courais au monastère
là, seul au pied des murs, j'écoutais [4] dans une sainte extase
les derniers sons des cantiques, qui se mêlaient sous le
935 voûtes du temple au faible bruissement des flots [5].

» Je ne sais comment toutes ces choses qui auraient d
nourrir mes peines, en émoussaient au contraire l'aiguillon
Mes larmes avaient moins d'amertume lorsque je les répandai
sur les rochers et parmi les vents. Mon chagrin même, par s
940 nature extraordinaire, portait avec lui quelque remède : o
jouit de ce qui n'est pas commun, même quand cette chos
est un malheur [6]. J'en conçus presque l'espérance que m
sœur deviendrait à son tour moins misérable.

» Une lettre que je reçus d'elle avant mon départ, sembl
945 me confirmer dans ces idées. Amélie se plaignait tendremen
de ma douleur, et m'assurait que le temps diminuait l
sienne. « *Je ne désespère pas de mon bonheur*, me disait-ell
*L'excès même du sacrifice, à présent que le sacrifice es
consommé, sert à me rendre quelque paix. La simplicité de me
950 compagnes, la pureté de leurs vœux, la régularité de leur vi
tout répand du baume sur mes jours. Quand j'entends grond
les orages, et que l'oiseau de mer vient battre des ailes à m
fenêtre, moi, pauvre colombe du ciel, je songe au bonheur qu*

1. Texte de 1802 : « *la même* vestale ». — 2. Texte de 1802 : « *Je crois encore* l'*entendre*
pendant la nuit, la cloche qui appelait. » — 3. Chateaubriand use de la même expressio
dans sa traduction des *Tombeaux champêtres* de Thomas Gray :
    Dans les airs frémissants, j'entends les longs murmures
    De la cloche du soir qui tinte avec lenteur.
4. Texte de 1802 : « *seul au pied des murs*, dans les ténèbres, *j'écoutais* ». — 5. Texte de 1802
« *aux faibles bruissements* des flots lointains. » — 6. Ainsi, écrit Sainte-Beuve, « il peu
désormais caresser à son gré sa chimère, c'est-à-dire l'orgueil et l'isolement dans le malheur
Tel qu'il est et que nous le connaissons, il est récompensé par cette conclusion romanesqu
bien plus qu'il n'en est puni. Étrange moralité ! » (*Chateaubriand et son groupe*, éd. citée
t. I, p. 309).

j'ai eu de trouver un abri contre la tempête [1]. *C'est ici la sainte*
955 *montagne, le sommet élevé d'où l'on entend les derniers bruits*
de la terre, et les premiers concerts du ciel; c'est ici que la religion
trompe doucement une âme sensible : aux plus violentes
amours elle substitue une sorte de chasteté brûlante où l'amante
et la vierge sont unies; elle épure les soupirs; elle change en une
960 *flamme incorruptible une flamme périssable; elle mêle divine-*
ment son calme et son innocence à ce reste de trouble et de
volupté d'un cœur qui cherche à se reposer, et d'une vie qui se
retire [2].

« Je ne sais ce que le ciel me réserve, et s'il a voulu
965 m'avertir que les orages accompagneraient partout mes pas.
L'ordre était donné pour le départ de la flotte; déjà plusieurs
vaisseaux avaient appareillé au baisser [3] du soleil; je m'étais
arrangé pour passer la dernière nuit à terre, afin d'écrire
ma lettre d'adieux à Amélie. Vers minuit, tandis que je
970 m'occupe de ce soin, et que je mouille mon papier de mes
larmes, le bruit des vents vient frapper mon oreille. J'écoute;
et au milieu de la tempête, je distingue les coups de canon
d'alarme, mêlés au glas de la cloche monastique. Je vole sur
le rivage où tout était désert, et où l'on n'entendait que le
975 rugissement des flots. Je m'assieds sur un rocher [4]. D'un
côté s'étendent les vagues étincelantes, de l'autre les murs
sombres du monastère se perdent confusément dans les
cieux [5]. Une petite lumière paraissait à la fenêtre grillée.
Était-ce toi, ô mon Amélie, qui prosternée au pied du crucifix,
980 priais le Dieu des orages d'épargner ton malheureux frère!

---

1. Le texte de 1802 intercalait ici cette phrase : « On respire ici quelque chose de divin, un air tranquille que ne trouble point le souffle des passions; *c'est ici...* » — 2. Gilbert Chinard (art. de 1928, voir notre Bibliographie) a suggéré qu'on pouvait discerner le « canevas » de cette dernière lettre d'Amélie dans le poème d'Alexander Pope, *Eloisa to Abelard* (1717), dont Chateaubriand traduit « mot à mot » les vers 207-222 dans *le Génie du christianisme* (II, III, 5, éd. Reboul, t. I, p. 295) : « Heureuse la vierge sans taches qui oublie le monde et que le monde oublie! L'éternelle joie de son âme est de sentir que toutes ses prières sont exaucées, tous ses vœux résignés. Le travail et le repos partagent également ses jours; son sommeil facile cède sans effort aux pleurs et aux veilles. Ses désirs sont réglés, ses goûts toujours les mêmes; elle s'enchante par ses larmes, et ses soupirs sont pour le Ciel. La grâce répand autour d'elle ses rayons les plus sereins : des anges lui soufflent tout ce plus beaux songes. Pour elle, l'époux prépare l'anneau nuptial; pour elle, de blanches vestales entonnent des chants d'hyménée : c'est pour elle que fleurit la rose d'Éden, qui ne se fane jamais, et que les séraphins répandent les parfums de leurs ailes. Elle meurt enfin au son des harpes célestes, et s'évanouit dans les visions d'un jour éternel. » — 3. Cette expression (pour « le coucher du soleil ») se trouvait déjà chez Rousseau : « Souvent averti par le baiser du soleil de l'heure de la retraite... » (*Rêveries, Cinquième Promenade*, Bordas, commenté par R. Bernex, p. 95); on la lit dans *Le Génie du christianisme* : « Au baisser du jour... » et dans *les Natchez* : « Vers le baiser du soleil... » (2e partie, éd. Regard, p. 454). — 4. Voir les derniers mots du roman p. 112, l. 1083. — 5. Texte de 1802 : « *Les murs sombres du monastère* montent en masse *dans les cieux.* »

La tempête sur les flots, le calme dans ta retraite ; des hommes brisés sur des écueils, au pied de l'asile que rien ne peut troubler ; l'infini de l'autre côté du mur d'une cellule [1] ; les fanaux agités des vaisseaux, le phare immobile du
985 couvent [2] ; l'incertitude des destinées du navigateur, la vestale [3] connaissant dans un seul jour tous les jours futurs de sa vie ; d'une autre part, une âme telle que la tienne, ô Amélie, orageuse [4] comme l'océan ; un naufrage plus affreux que celui du marinier : tout ce tableau est encore
990 profondément gravé dans ma mémoire. Soleil de ce ciel nouveau maintenant témoin de mes larmes, écho du rivage américain qui répétez les accents de René, ce fut le lendemain de cette nuit terrible, qu'appuyé sur le gaillard de mon vaisseau, je vis s'éloigner pour jamais ma terre natale !
995 Je contemplai longtemps sur la côte les derniers balancements des arbres de la patrie, et les faîtes du monastère qui s'abaissaient à l'horizon [5]. »

---

1. Texte de 1802 : « *l'infini de l'autre côté du mur d'une cellule*, de même qu'il n'y a que la pierre du tombeau entre l'éternité et la vie ». — 2. Texte de 1802 : « *le phare immobile du couvent*, humble, mais certain, et dirigeant sans périls la religieuse à une terre céleste ». — 3. Texte de 1802 : « *la vestale* ayant sous le même toit et son lit et son tombeau, et *connaissant* ». — 4. Texte de 1802 : « *la tienne, ô Amélie*, vaste, *orageuse* ». — 5. « Cette dernière nuit passée à terre, son cri lointain d'adieu à sa sœur et au vieux monde, son dernier salut au matin du départ, tout cela est d'une beauté accomplie d'expression et d'images » (Sainte-Beuve, *Chateaubriand et son groupe*, t. I, p. 309). Cf. dans les *Mémoires d'outre-tombe* (V, xv, t. I, p. 190-91) les impressions de Chateaubriand levant l'ancre à Saint-Malo pour l'Amérique, en avril 1791 : « Le soleil se couchait quand le pilote côtier nous quitta, après nous avoir mis hors des passes. [...] Mes regards restaient attachés sur Saint-Malo ; je venais d'y laisser ma mère tout en larmes. J'apercevais les clochers et les dômes des églises où j'avais prié avec Lucile, les murs, les remparts, les forts, les tours, les grèves où j'avais passé mon enfance... »

■■

● **Désespoir et fuite de René** (l. 867-997)

① *Je me figurais ce qu'elle avait dû souffrir* (l. 870) : dans tout le commentaire que René fait à la suite de son récit de la dramatique prise de voile, quelle place tiennent ses réflexions sur la souffrance d'Amélie ? (Pourquoi Chateaubriand a-t-il retranché de son texte original les lignes données dans la note 2 ?) Commentez la phrase (l. 884-888) : « Je trouvai même une sorte de satisfaction inattendue dans la plénitude de mon chagrin... » Cette découverte est-elle capitale pour René ? S'en trouve-t-il transformé ? Sa foi chrétienne en est-elle modifiée, approfondie ? Jugez-vous que René sort moralement meilleur de cette épreuve ? Commentez la phrase (l. 895 et suiv.) : *Je n'avais plus envie de mourir depuis que j'étais réellement malheureux.*

② Comment expliquez-vous que, ayant découvert « l'affreuse

vérité », il ne s'élève pourtant en René aucun mouvement de révolte contre la loi, religieuse et sociale, qui tient la passion d'Amélie pour coupable?

③ Comparez la détermination de René à « passer en Amérique » avec la résolution qu'il avait prise de « voyager » après ses velléités abandonnées de vie monastique. Ne pourrait-on d'ailleurs étudier la structure de *René* à partir de ce jeu des reprises de thèmes (le voyage, le suicide, l'exaltation religieuse, la solitude, l'automne...)? Résumez l'évolution morale du personnage.

④ Lorsque, en attendant le vaisseau qui doit l'emporter, René va « sans cesse » errer autour du monastère où sa sœur s'est retirée du monde à jamais, n'est-il poussé que par l'admiration et la piété? La religieuse du « tableau » que peignent les lignes 920-928 est-elle Amélie? Étudiez dans ces lignes les effets d'éclairage, et l'orchestration des bruits dans le paragraphe suivant : qu'indiquent ces recherches d'art quant au sentiment de René? Traduisent-elles, sinon une insincérité, du moins un besoin qu'il ne s'avouerait pas? Amélie avait-elle raison de dire que sa « criminelle passion » n'était « point partagée »?

⑤ En quoi la remarque de René : *on jouit de ce qui n'est pas commun, même quand cette chose est un malheur* (l. 940-942) complète-t-elle et explique-t-elle ce qu'il avait dit précédemment de la « satisfaction inattendue » trouvée « dans la plénitude de [son] chagrin » (l. 885-886)?

⑥ Appréciez la nature des sentiments religieux d'Amélie tels que les traduit sa lettre; que pensez-vous de la façon dont elle explique que « la religion trompe doucement une âme sensible » et « mêle divinement son calme et son innocence à ce reste de trouble et de volupté d'un cœur qui cherche à se reposer »? Croyez-vous possible, comme le prétend René, qu'elle devienne « *à son tour* moins misérable »? Rapprochez de la lettre d'Amélie ce que Chateaubriand dit dans le *Génie du christianisme* (passage cité dans sa préface à *René*, p. 39, l. 62 et suiv.) de l'utilité des cloîtres.

⑦ L'image finale de la tempête n'a-t-elle pas une valeur de synthèse? Contribue-t-elle à faire naître la conviction que cherche à nous inspirer l'auteur du *Génie*? Commentez l'expression où René résume le destin d'Amélie (l. 988) : *un naufrage plus affreux que celui du marinier*. Étudiez la composition du tableau de cette nuit terrible et montrez que la plupart des thèmes qui ont constitué la trame du roman se retrouvent ici entrelacés. Importance de la brève invocation au *soleil de ce ciel nouveau* (l. 990 et suiv.).

Gravure de R. Delvaux d'après Le Barbier (édition de 1803)

Plusieurs fois, à la clarté de la lune, j'ai revu la même religieuse aux barreaux de la même fenêtre... (l. 924-925)

Comme René achevait de raconter son histoire, il tira un papier de son sein, et le donna au père Souël; puis, se jetant dans les bras de Chactas, et étouffant ses sanglots, il laissa le temps au missionnaire de parcourir la lettre qu'il venait de lui remettre.

Elle était de la Supérieure de... Elle contenait le récit des derniers moments de la sœur Amélie de la Miséricorde, morte victime de son zèle et de sa charité, en soignant ses compagnes attaquées d'une maladie contagieuse [1]. Toute la communauté était inconsolable, et l'on y regardait Amélie comme une sainte. La Supérieure ajoutait que, depuis trente ans qu'elle était à la tête de la maison, elle n'avait jamais vu de religieuse d'une humeur aussi douce et aussi égale, ni qui fût plus contente d'avoir quitté les tribulations du monde [2].

Chactas pressait René dans ses bras; le vieillard pleurait. « Mon enfant, dit-il à son fils, je voudrais que le père Aubry [3] » fût ici, il tirait du fond de son cœur je ne sais quelle paix » qui, en les calmant, ne semblait cependant point étrangère » aux tempêtes; c'était la lune dans une nuit orageuse; les » nuages errants ne peuvent l'emporter dans leur course; » pure et inaltérable, elle s'avance tranquille au-dessus d'eux. » Hélas, pour moi, tout me trouble et m'entraîne ! »

Jusqu'alors le père Souël, sans proférer une parole, avait écouté d'un air austère l'histoire de René. Il portait en secret un cœur compatissant, mais il montrait au dehors un caractère inflexible; la sensibilité du Sachem le fit sortir du silence :

---

1. C'est ainsi que Lamartine fera mourir son curé de Valneige, soignant des pestiférés (voir le prologue et la IXᵉ époque de *Jocelyn*). — 2. A cette paisible fin de la vie d'Amélie, on opposera la folie qui progressivement s'est emparée de Lucile de Chateaubriand, morte en 1804 — s'étant probablement suicidée (voir notre Introduction, p. 28). — 3. Dans *Atala*, il nous est suggéré à plusieurs reprises que le vieux missionnaire a dû connaître lui-même les passions humaines et est ainsi disposé à les bien comprendre. « Il n'avait pas, raconte Chactas, les traits morts et effacés de l'homme né sans passions; on voyait que ses jours avaient été mauvais, et les rides de son front montraient les belles cicatrices des passions guéries par la vertu et par l'amour de Dieu et des hommes » (Bordas, p. 102). Le Père Aubry dit lui-même à Atala : « Et moi aussi, ma fille, j'ai connu les troubles du cœur : cette tête n'a pas toujours été chauve, ni ce sein aussi tranquille qu'il vous le paraît aujourd'hui » (p. 133).

1025 « Rien, dit-il au frère d'Amélie [1], rien ne mérite, dans cette
» histoire, la pitié qu'on vous montre ici. Je vois un jeune
» homme entêté de chimères, à qui tout déplaît, et qui s'est
» soustrait aux charges de la société pour se livrer à d'inutiles
» rêveries. On n'est point, monsieur, un homme supérieur
1030 » parce qu'on aperçoit le monde sous un jour odieux. On ne
» hait les hommes et la vie, que faute de voir assez loin.
» Étendez un peu plus votre regard, et vous serez bientôt
» convaincu que tous ces maux dont vous vous plaignez
» sont de purs néants. Mais quelle honte de ne pouvoir songer
1035 » au seul malheur réel de votre vie, sans être forcé de rougir !
» Toute la pureté, toute la vertu, toute la religion, toutes les
» couronnes d'une sainte rendent à peine tolérable la seule
» idée de vos chagrins. Votre sœur a expié sa faute; mais,
» s'il faut dire ici ma pensée, je crains que, par une épouvan-
1040 » table justice, un aveu sorti du sein de la tombe, n'ait
» troublé votre âme à son tour. Que faites-vous seul au fond
» des forêts où vous consumez vos jours, négligeant tous vos
» devoirs? Des saints, me direz-vous, se sont ensevelis dans
» les déserts. Ils y étaient avec leurs larmes [2], et employaient
1045 » à éteindre leurs passions le temps que vous perdez [3] peut-
» être à allumer les vôtres... Jeune présomptueux qui avez
» cru que l'homme se peut suffire à lui-même ! La solitude est
» mauvaise à celui qui n'y vit pas avec Dieu [4]; elle redouble
» les puissances de l'âme, en même temps qu'elle leur ôte tout
1050 » sujet pour s'exercer. Quiconque a reçu des forces, doit les
» consacrer au service de ses semblables; s'il les laisse
» inutiles, il en est d'abord puni par une secrète misère,
» et tôt ou tard le ciel lui envoie un châtiment effroyable [5]. »

---

1. Si Chactas, lorsque s'interrompait la voix de René, brisée par l'émotion, lui a dit quelques paroles affectueuses (p. 70), le Père Souël, lui, n'a pas prononcé un mot, et semble n'exister, comme on l'a fait remarquer (Pierre Sage, *le « Bon Prêtre » dans la littérature française*, Genève-Lille, Droz-Giard, 1951, p. 420), que pour faire ce sermon final, que Sainte-Beuve appellera « une moralité plaquée » (voir p. 44, n. 5). Jean Pommier (art. de 1937) a souligné que la morale du Père Souël « n'est pas proprement chrétienne », mais exalte les principes de la vie sociale. — 2. Texte de 1802 : « *Ils y étaient*, Monsieur, *avec leurs larmes.* » — 3. Texte de 1802 : « *que vous perdiez.* » — 4. Est-ce ici une paraphrase de la malédiction célèbre de l'Ecclésiaste (IV, 10) : *Vae soli...*? — 5. La fin des *Natchez* vient à l'appui de la menaçante prophétie du Père Souël : « Il y a des familles que la destinée semble persécuter : n'accusons pas la Providence. La vie et la mort de René furent poursuivies par des feux illégitimes qui donnèrent le ciel à Amélie et l'enfer à Ondouré : René porta le double châtiment de ses passions coupables, On ne fait point sortir les autres de l'ordre, sans avoir en soi quelque principe de désordre; et celui qui, même involontairement, est la cause de quelque malheur ou de quelque crime, n'est jamais innocent aux yeux de Dieu » (éd. Regard, p. 575).

Troublé par ces paroles, René releva du sein de Chactas
1055 sa tête humiliée. Le Sachem aveugle se prit à sourire; et
ce sourire de la bouche, qui ne se mariait plus à celui des
yeux, avait quelque chose de mystérieux et de céleste. « Mon
» fils, dit le vieil amant [1] d'Atala, il nous parle sévèrement;
» il corrige et le vieillard et le jeune homme, et il a raison.
1060 » Oui, il faut que tu renonces à cette vie extraordinaire qui
» n'est pleine que de soucis : il n'y a de bonheur que
» dans les voies communes.

» Un jour le Meschacebé, encore assez près de sa source, se
» lassa de n'être qu'un limpide ruisseau. Il demande des
1065 » neiges aux montagnes, des eaux aux torrents, des pluies
» aux tempêtes [2], il franchit ses rives, et désole ses bords

---

1. Texte de 1802 : « *l'antique* amant ». — 2. Texte de 1802 : « *des pluies aux tempêtes*, et parvint à ramasser une onde immense. Bientôt il franchit ».

■■■

● **Le sermon du Père Souël** (l. 998-1084)

① Le récit de René laissait-il prévoir qu'Amélie vivrait au cloître en jouissant *d'une humeur aussi douce et aussi égale* (l. 1010)? ne peut-on rien conjecturer de la brièveté avec laquelle René nous apprend qu'elle est morte *victime de son zèle et de sa charité* (l. 1005)? Sa confession s'achève-t-elle sans qu'il reste rien d'ambigu dans la leçon à tirer de leur double destin?

② Le style des interventions de Chactas (l. 1014-1020 et 1057-1073) ne nous permet-il pas de « situer » sa propre sensibilité par rapport à celle de René? Étudiez la valeur de ses images.

③ La leçon que le Sachem veut tirer de la confession de René, qu'il formule théoriquement (*il n'y a de bonheur que dans les voies communes*, l. 1061) puis illustre par l'apologue du Meschacebé, est-elle différente de celle du Père Souël? Quelle est l'idée essentielle du Père? Comparez son « sermon » à certains passages de la lettre d'Amélie à René (p. 87-90). Appréciez la lucidité de chacun des deux vieillards. Confrontez leurs conclusions à l'intention fondamentale du *Génie du christianisme*.

④ Que pensez-vous du style, du ton des lignes 1079-1084? N'ont-elles pour but que de replacer *René* dans le cadre des *Natchez*, comme les premières lignes du roman? Ne peuvent-elles influer sur le souvenir que le lecteur gardera du roman, et sur le sens qu'il lui attribuera?

■■■

» charmants. L'orgueilleux ruisseau s'applaudit d'abord de
» sa puissance; mais voyant que tout devenait désert sur son
» passage; qu'il coulait, abandonné dans la solitude; que ses
1070 » eaux étaient toujours troublées, il regretta l'humble lit
» que lui avait creusé la nature [1], les oiseaux, les fleurs, les
» arbres et les ruisseaux, jadis modestes compagnons de son
» paisible cours [2].»

Chactas cessa de parler, et l'on entendit la voix du
1075 *Flammant* [3] qui, retiré dans les roseaux du Meschacebé
annonçait un orage pour le milieu du jour. Les trois amis
reprirent la route de leurs cabanes : René marchait en
silence entre le missionnaire qui priait Dieu, et le Sachem
aveugle qui cherchait sa route. On dit que pressé par les
1080 deux vieillards, il retourna chez son épouse [4], mais sans y
trouver le bonheur. Il périt peu de temps après avec Chactas
et le père Souël, dans le massacre des Français et des Natchez
à la Louisiane [5]. On montre encore un rocher où il allait
s'asseoir au soleil couchant [6].

---

1. Texte de 1802 : « la pureté de son premier cours, et *les oiseaux* ». — 2. Texte de 1802 :
« *jadis* aimables *compagnons de son* onde, aux sources de sa vie. » Cette parabole de l'orgueilleux Meschacebé semble comme le développement d'une image déjà exprimée dans le
chapitre de l'*Essai sur les révolutions* (II, XXII) où Chateaubriand traite de la philosophie
d'Épicure : « Une vie heureuse n'est ni un torrent rapide, ni une eau léthargique, mais un
ruisseau qui passe lentement et en silence, répétant dans son onde limpide les fleurs et la
verdure de ses rivages. » — 3. Les flamants roses apparaissent déjà dans le prologue d'*Atala*
(éd. Bernex Bordas, p. 38), au milieu des serpents verts, des hérons bleus et des jeunes
crocodiles; la présence de cet échassier méditerranéen et asiatique sur les bords du Mississipi
est d'ailleurs plus poétique que vraisemblable. — 4. L'Indienne Céluta (*supra*, p. 49,
note 2). — 5. Voir *supra*, p. 50, note 6. En fait, dans *les Natchez*, Chactas meurt de vieillesse
avant que René, lui, ne soit tué par Ondouré peu avant le massacre des Blancs; et ce n'est
qu'après ce massacre des Blancs que le Père Souël sera assassiné par les Yazous (voir *supra*,
p. 49, note 5). — 8. Cf. ci-dessus : « Je m'assieds sur un rocher » (l. 975). Attitude très romantique, ou plus exactement ossianique, chère à Chateaubriand : « Que de fois [cette vague
soif de quelque chose] m'a contraint de sortir des spectacles de nos cités pour aller voir le
soleil se coucher au loin sur quelque site sauvage ! » (*Essai sur les révolutions*, I, LXX); « Au
nord du château s'étendait une lande semée de pierres druidiques; j'allais m'asseoir sur
une de ces pierres au soleil couchant » (*Mémoires d'outre-tombe*, III, XI, p. 94).

DOCUMENT

LE TESTAMENT DE RENÉ

Dans la seconde partie des *Natchez* (voir notre Introduction, p. 25), René est tué par son rival Ondouré, au cours du massacre de tous les Blancs du Fort-Rosalie, massacre qu'ont préparé en grand secret les nations indiennes. Quoique déchirée entre son amour et sa fidélité à sa race, Céluta, l'épouse de René, aura vainement tenté de sauver son mari, qui, envoyé en ambassade chez les Illinois, lui a adressé une très longue et étrange lettre [1], dont voici les passages essentiels (*Les Natchez*, éd. Regard, pp. 499-503) :

[...] J'ignore quelle sera l'issue de mon voyage : il se peut faire que je ne vous revoie plus. J'ai dû vous paraître si bizarre, que je serais fâché de quitter la vie sans m'être justifié auprès de vous.

J'ai reçu de l'Europe, à mon retour de la Nouvelle-Orléans, une lettre qui m'a appris l'accomplissement de mes destinées [2] : j'ai raconté mon histoire à Chactas et au Père Souël : la sagesse et la religion doivent seules la connaître.

Un grand malheur m'a frappé dans ma première jeunesse; ce malheur m'a fait tel que vous m'avez vu. J'ai été aimé, trop aimé : l'ange qui m'environna de sa tendresse mystérieuse ferma pour jamais, sans les tarir, les sources de mon existence. Tout amour me fit horreur : un modèle de femme était devant moi, dont rien ne pouvait approcher; intérieurement consumé de passions, par un contraste inexplicable je suis demeuré glacé sous la main du malheur.

---

1. En 1839, Chateaubriand écrira dans les *Mémoires d'outre-tombe* (XVIII, ix, éd. citée, t. I, p. 663) : « S'il y a dans *les Natchez* des choses que je ne hasarderais qu'en tremblant aujourd'hui, il y a aussi des choses que je ne voudrais plus écrire, notamment la lettre de René dans le second volume. Elle est de ma première manière, et reproduit tout *René* : je ne sais ce que les *René* qui m'ont suivi ont pu dire pour mieux approcher de la folie. » — 2. C'est la lettre de « la Supérieure de ... [qui] contenait le récit des derniers moments de la sœur Amélie de la Miséricorde » (*René*, voir l. 1003).

Céluta, il y a des existences si rudes qu'elles semblent accuser la Providence et qu'elles corrigeraient de la manie d'être [1]. [...]

J'écris assis sous l'arbre du désert, au bord d'un fleuve sans nom, dans la vallée où s'élèvent les mêmes forêts qui la couvrirent lorsque les temps commencèrent. Je suppose, Céluta, que le cœur de René s'ouvre maintenant devant toi : vois-tu le monde extraordinaire qu'il renferme : il sort de ce cœur des flammes qui manquent d'aliment, qui dévoreraient la création sans être rassasiées, qui te dévoreraient toi-même. Prends garde, femme de vertu! recule devant cet abîme : laisse-le dans mon sein! Père tout puissant, tu m'as appelé dans la solitude; tu m'as dit : René! René! qu'as-tu fait de ta sœur [2]? Suis-je donc Caïn?

Continuée au lever de l'aurore.

Quelle nuit j'ai passée! Créateur, je te rends grâces; j'ai encore des forces, puisque mes yeux revoient la lumière que tu as faite! Sans flambeau pour éclairer ma course, j'errais dans les ténèbres : mes pas, comme intelligents d'eux-mêmes, se frayaient des sentiers à travers les lianes et les buissons. Je cherchais ce qui me fuit; je pressais le tronc des chênes; mes bras avaient besoin de serrer quelque chose. J'ai cru, dans mon délire, sentir une écorce aride palpiter contre mon cœur : un degré de chaleur de plus, et j'animais des êtres insensibles. Le sein nu et déchiré, les cheveux trempés de la vapeur de la nuit, je croyais voir une femme qui se jetait dans mes bras; elle me disait : Viens échanger des feux avec moi, et perdre la vie! mêlons des voluptés à la mort! que la voûte du ciel nous cache en tombant sur nous!

[...] Céluta, je vous recommande particulièrement Amélie [3] : son nom est un nom fatal. Qu'elle ne soit instruite dans aucun art de l'Europe; que sa mère lui cache l'excès de sa tendresse : il n'est pas bon de s'accoutumer à être trop aimé. Qu'on ne parle jamais de moi à ma fille; elle ne me doit rien : je ne souhaitais pas lui donner la vie.

---

1. « On aura remarqué, écrit Sainte-Beuve, cette incroyable expression, la *manie d'être*, pour désigner et comme insulter l'attachement à la vie. Ce sentiment instinctif et universel qui fait que pour tout mortel, même malheureux, la vie peut se dire douce et chère, qui fait aimer, regretter à tous les êtres, une fois nés, *la douce lumière du jour*, il l'appelle une manie » (*Le Chateaubriand romanesque et amoureux*, article du *Constitutionnel* [27 mai 1850] recueilli dans les *Causeries du Lundi*, t. II). Entendre *manie* en son sens classique de « *folie* dans laquelle l'imagination est constamment frappée d'une idée particulière » (Littré). — 2. Cf. *Genèse*, IV, 9. — 3. La fille que Céluta a donnée à René et que celui-ci, à l'encontre de la religion indienne suivant laquelle « la famille de la femme connaît seule le nom que le corps [de l'enfant] doit porter », s'est obstiné à appeler Amélie (*Les Natchez*, p. 324).

Que René reste pour elle un homme inconnu, dont l'étrange destin raconté la fasse rêver sans qu'elle en pénètre la cause : je ne veux être à ses yeux que ce que je suis, un pénible songe.

Céluta, il y a dans ma cabane des papiers écrits de ma main : c'est l'histoire de mon cœur; elle n'est bonne à personne, et personne ne la comprendrait : anéantissez ces chimères.

Retournez sous le toit fraternel [1]; brûlez celui que j'ai élevé de mes mains; semez des plantes parmi ses cendres; rendez à la forêt l'ermitage que j'avais envahi. Effacez le sentier qui monte de la rivière à la porte de ma demeure; je ne veux pas qu'il reste sur la terre la moindre trace de mon passage. [...]

Je m'ennuie de la vie; l'ennui m'a toujours dévoré : ce qui intéresse les autres hommes ne me touche point. Pasteur ou roi, qu'aurais-je fait de ma houlette ou de ma couronne? Je serais également fatigué de la gloire et du génie, du travail et du loisir, de la prospérité et de l'infortune. En Europe, en Amérique, la société et la nature m'ont lassé. Je suis vertueux sans plaisir; si j'étais criminel, je le serais sans remords. Je voudrais n'être pas né, ou être à jamais oublié.

Que ce soit ici un dernier adieu, ou que je doive vous revoir encore, Céluta, quelque chose me dit que ma destinée s'accomplit; si ce n'est pas aujourd'hui même, elle n'en sera que plus funeste : René ne peut reculer que vers le malheur. Regardez donc cette lettre comme un testament.

---

1. La cabane de son frère Outougamiz.

Gravure de J. Caron
René quitte Céluta *(Les Natchez)*

FORTUNE DE « RENÉ »

« Un épisode du *Génie du christianisme*, qui fit moins de bruit alors qu'*Atala* [1]... » : dans le prodigieux concert de louanges qui accueillit la publication du *Génie*, il est en effet certain que la critique ne fit pas à *René* un sort comparable à celui d'*Atala*, paru l'année précédente. Mais Chateaubriand avait raison, dans sa préface de 1805 à la première édition couplant les deux « épisodes » extraits du *Génie*, de faire état de « la préférence que plusieurs personnes lui donnent sur *Atala* » [2]; tel avait été le sentiment du critique anonyme du *Mercure de France* : « Ce roman doit surtout plaire aux lecteurs qui conservent quelques souvenirs de l'âge d'inquiétude et des passions naissantes qu'on a voulu peindre. [...] Peut-être même que jugeant ce petit ouvrage d'après le mérite de la composition et des difficultés vaincues, ils préféreront aux amours de Chactas les rêveries du jeune René. D'ailleurs la moralité est tout à fait neuve, et malheureusement d'une application très étendue. Elle s'adresse à ces nombreuses victimes de l'exemple du jeune Werther, de Rousseau, qui ont cherché le bonheur loin des voies communes de la société [3]. »

Qu'il y eût pourtant des réactions moins sympathiques, tant du côté des philosophes et idéologues, fidèles à la libre pensée du XVIIIe siècle, que du côté des catholiques traditionalistes — les uns hostiles à la religiosité du livre, les autres à une exaltation religieuse dont la source ne leur paraissait pas pure —, la *Défense du « Génie du christianisme »* l'atteste dès 1803, qui s'efforçait de réfuter les « objections » de ceux qui « se formalisaient » d'*Atala* et de *René* [4]...

Mais le succès fut bientôt indéniable, immense, et l'influence du livre profonde et durable dans le siècle, bien supérieure à celle d'*Atala*. Dans la jeunesse de chaque grand écrivain romantique, il y a la révélation bouleversante qu'est sa première lecture de *René* : « Jamais je n'ai pu le lire sans pleurer », dira LAMARTINE [5]; SAINTE-BEUVE : « J'ai lu *René* et

---

1. *Mémoires d'outre-tombe*, XIII, 10 (Bibl. Pléiade, t. I, p. 462). — 2. Voir *supra*, p. 37, l. 3. — 3. Article du 15 floréal an X (5 mai 1802), reproduit par Chateaubriand dans ses *Œuvres complètes* (éd. Ladvocat), t. XVI, p. 351-354. — 4. Voir Préface, p. 41, l. 93 et suiv. — 5. Lettre à Aymon de Virieu, 21 octobre 1809.

j'ai frémi. Je ne sais si tout le monde a reconnu dans ce personnage quelques-uns de ses traits : pour moi, je m'y suis reconnu tout entier; et ce souvenir, lorsque j'y pense, seul à la clarté de la lune, ou dans les ombres de la nuit, me jette dans une mélancolie profonde à laquelle je ne tarderais pas à succomber si elle était continuelle, et si quelqu'un ne venait fort à propos m'arracher à ces sombres et funestes délices que je savoure » [1]. GEORGE SAND : « Je n'avais pas lu *René*, je le lus enfin et j'en fus singulièrement affectée. Il me sembla que René, c'était moi » [2]... Bref, comme l'a écrit un récent éditeur du livre, « il est bien évident que, *René* n'existant pas, ni *Obermann*, ni *Adolphe*, ni les *Méditations poétiques*, ni *Volupté*, ni les *Nuits* ou la *Confession d'un enfant du siècle* (pour nous borner à des titres illustres) ne seraient exactement ce qu'ils sont, car il aurait manqué quelque chose à la formation de leurs auteurs. Et les héros du drame romantique, — Antony comme Ruy Blas, Lorenzaccio comme Hernani, — à la fois victimes et incarnations du Destin, auraient-ils vu le jour si le cerveau de Chateaubriand n'avait jamais enfanté le frère d'Amélie? [3] » Sainte-Beuve avait proclamé cette immense *paternité*, se faisant le porte-parole de toute sa génération et s'écriant à l'adresse de René : « Nous sommes vos fils; notre gloire est d'être appelés votre race; notre enfance a rêvé par vos rêves; notre adolescence s'est agitée par vos troubles, et le même aquilon nous a soulevés. » On connaît le mot de THÉOPHILE GAUTIER dans son *Histoire du romantisme*, suivant lequel l'auteur de *René* a « inventé la mélancolie et la passion moderne [4] ». Cette influence « séminale » n'a pas été moins considérable à l'étranger, sur le grand public et sur des écrivains comme Byron [5], Leopardi, Pouchkine...

On sait que Chateaubriand prétendit renier la postérité moralement pernicieuse de son roman de 1802 : « Si *René* n'existait pas, je ne l'écrirais plus », dit-il en 1837 dans ses *Mémoires;* « s'il m'était possible de le détruire, je le détruirais » [6]. En vérité, pour qu'on se déprît de René et de sa complaisante souffrance, il fallut attendre le retour dans le siècle d'une mentalité plus positive, plus « réaliste » — que BAUDELAIRE feignait d'exalter en s'écriant : « Disparaissez donc, ombres fallacieuses de

---

1. « Les Petits Carnets de Sainte-Beuve », publiés dans la *Revue hebdomadaire* du 29 juillet 1916. — 2. *Histoire de ma vie.* — 3. Fernand Letessier, introduction à *Atala ; René ; Les Aventures du dernier Abencérage* (Paris, Garnier, 1958), p. XLVI-XLVII. Aux héros cités on peut encore joindre celui d'Émile de Girardin, dans son autobiographique, *Émile* (1828) (voir Maurice Regard, introduction à *René*, Pléiade, p. 109). — 4. Cf. Baudelaire : « la grande école de la mélancolie, créée par Chateaubriand... » (« Théophile Gautier », in *l'Art romantique*); Émile Faguet : « Il a presque inventé des états psychologiques » (« Chateaubriand », in *XIXᵉ siècle, Études littéraires*, Paris, Boivin, s. d., p. 71). — 5. Chateaubriand tint à souligner lui-même ce que Byron lui devait, et lui reprocha d'avoir eu « la faiblesse de ne jamais [l]e nommer [...]. Point d'intelligence, si favorisée qu'elle soit, qui n'ait ses susceptibilités, ses défiances : on veut garder le sceptre, on craint de le partager, on s'irrite des comparaisons » (*Mémoires d'outre-tombe*, XII, 4, Bibl. Pléiade, t. I, p. 418). — 6. Voir la page citée *supra*, p. 46-47.

René, d'Obermann et de Werther; fuyez dans les brouillards du vide,
monstrueuses créations de la paresse et de la solitude; comme les pour-
ceaux dans le lac de Génézareth, allez vous replonger dans les forêts
enchantées d'où vous tirèrent les fées ennemies, moutons attaqués du
vertigo romantique. Le génie de l'action ne vous laisse plus de place
parmi nous [1]. » Sur le mode sérieux, lui, TAINE demandait « qu'on nous
montre des personnages moins rêveurs, moins chimériques, exempts des
imaginations humanitaires, moins occupés à lever de grands bras vers
l'absolu, plus prompts à comprendre le monde et à se comprendre
eux-mêmes; bref, plus positifs et plus critiques » [2]; et il rangeait *René*
parmi les œuvres qui « correspondent à des caractères un peu plus durables
[que ceux de la « littérature de mode »], et semblent des chefs-d'œuvre à
la génération qui les lit [... mais qui] ne sont plus aujourd'hui que des
documents d'histoire » : elles ont « paru sublimes au début de la révolution
littéraire dont nous voyons aujourd'hui la fin [...] et, de la distance où
nous sommes, nous démêlons sans peine l'emphase et l'affectation que les
contemporains ne voyaient pas » [3]. Et, quoiqu'il assurât n'en point faire
grief à Chateaubriand, ÉMILE FAGUET regrettait qu'il se contentât de
« peindre » : « Il n'explique pas, ne cherche pas à expliquer. Autant dire
qu'il fait œuvre non de moraliste mais de poète [...]. L'histoire de *René*
est la peinture de trois ou quatre *états* successifs d'une âme inquiète et
malade. Et comment elle est inquiète, et malade de quelle manière, on
nous le montre merveilleusement. Mais pourquoi malade et inquiète,
et quelle est l'origine du trouble et la source du poison, voilà ce qui reste
dans l'ombre. Il y a un drame dans *René*, non une éthique, non pas même
une tragédie classique, plus d'une pièce de Racine étant, en son fond,
une sorte de *traité des passions* » [4].

En 1879, dans la préface à une réédition des trois courts romans de
Chateaubriand (*Atala; René; Les Aventures du Dernier Abencérage*,
chez Alphonse Lemerre), où il caractérisait d'ailleurs avec justesse
l'ennui de René par « le manque d'amour dans une âme assez vide pour
en demander au monde entier, et trop froide pour en donner à personne »,
ANATOLE FRANCE écrivit : « En publiant trois romans de la jeunesse
de Chateaubriand, nous donnons une place dans la petite bibliothèque
littéraire aux chefs-d'œuvre d'une école qui brilla autrefois et qui maintenant est morte. » Ces lignes provoquèrent l'indignation de BARBEY
D'AUREVILLY, qui s'efforça de montrer la « modernité » persistante
des héros de Chateaubriand, ou du moins de René : dans le *Génie du
christianisme*, écrivait-il, « dans ce livre qui fut une révolution après
une autre, il y avait comme caché dans l'éclat de cet ouvrage étendu,
varié, plein de descriptions jusque-là inconnues, il y avait... de quel

---

1. « Pierre Dupont », notice parue en tête des *Chants et Chansons* de celui-ci (1851) et recueillie dans *l'Art romantique*. — 2. *Essais de critique et d'histoire*. — 3. *Philosophie de l'art*, V, II,
3 (Paris, Hachette, s. d., t. II, p. 258-259). — 4. Faguet, étude citée p. 118, note 4.

nom l'appeler ? un roman, une nouvelle, un *presque rien* de quelques pages, évidemment personnelles, qui s'enfonça comme le glaive d'une vérité dans quelques cœurs. Ce *presque rien* s'appelait *René*, et ce n'était pas seulement le génie de l'auteur qui palpitait dans ce livre mais c'en était l'âme : c'était l'âme d'un homme, et d'un homme dans un siècle et même dans tous les siècles ! Car ce serait une erreur de penser que cette variété humaine qui s'appelle René est une âme finie, la curiosité et l'exception d'un instant, la maladie d'une époque déterminée ; dont l'humanité est guérie et qu'on ne reverra jamais plus. Non, non ! c'est autre chose. C'est tout à la fois le portrait d'un homme et un type humain immortel. Depuis René, l'idéal René de Chateaubriand, nous avons vu, — malgré les guerres de l'Empire qui arrachèrent les poètes à la rêverie et leur mirent le sabre à la main, malgré le Matérialisme envahissant, et l'Industrialisme qui l'a suivi, et l'Américanisme qui le continue, et la Philosophie positive, et le développement du sens pratique qui s'ajoute à la pratique des autres sens, — nous avons eu des générations de Renés moins idéalement beaux que le *René* de Chateaubriand, il est vrai, mais marqués du trait qui les fait des Renés ; car on dira désormais des Renés pour certaines âmes, comme on dit des don Juan et des Lovelace pour certaines autres. Après le René qui fut Chateaubriand, il y a eu, tombé plus bas, le René qui s'appelait *Obermann*, et qui fut Sénancour. Et tombé bien plus bas encore, le René qui fut Sainte-Beuve et qui signa *Joseph Delorme;* puis, remontant dans l'idéalité et le rayonnement du premier *René*, Georges-Maurice de Guérin, qui par-dessus le René qui était en lui, mit un poète [1] ! »

On trouve pourtant peu d'échos à cette défense passionnée de *René* dans le siècle finissant. Caractéristique, sans doute, est l'impression d'un PIERRE LOUŸS qui, en mai 1888 — il a dix-huit ans —, dévore le petit livre, que « trois lignes d'Amiel » lui avaient donné « une envie folle de lire, et de lire tout de suite »... Il est fort déçu : « D'abord, c'est trop vieilli. C'est insupportable ; pour goûter le fond, je suis obligé de traduire toutes les phrases. Chaque mot est devenu grotesque aujourd'hui. [...] Le caractère de René est intéressant pourtant, quoique à peine esquissé et bien flou. Il a bien des analogies avec le mien. [...] Mais [...] qu'est-ce que cela veut dire, cet amour avec sa sœur ? [...] Ce n'est pas la conséquence de sa rêverie ! Il n'aurait pas rêvé, il aurait été sous-chef adjoint dans un ministère, qu'elle l'aurait aimé tout autant. Sa vie aurait été ratée quand même. Eh bien, alors ? Où est la moralité ? [...] La semonce du Père Souël est très bien. Avec les paragraphes que je cite, c'est ce qu'il y a de mieux. Mais j'aime cent fois mieux *Atala* [2] ! »

---

1. Article paru dans *le Constitutionnel* du 21 juillet 1879, recueilli dans les *Portraits politiques et littéraires* (Paris, Lemerre, 1898) ; de larges extraits en sont reproduits dans l'édition de Jacques Petit du *XIXᵉ Siècle. Des œuvres et des hommes*, t. II (Paris, Mercure de France, 1966), p. 308-312. — 2. *Journal intime* (Paris, Éd. Montaigne, 1929), p. 241-243. Les passages cités par Louÿs sont les lignes 434-441 et 500-506 de la présente édition.

Il est indéniable que le Chateaubriand le plus vivant, de nos jours, le plus lu et le plus admiré, est beaucoup moins celui de *René* que l'auteur des *Mémoires d'outre-tombe*. La courbe de la gloire de l'Enchanteur est bien celle que dessinait brièvement ALBERT THIBAUDET : « Pendant un demi-siècle, *René* dégageait une fièvre poétique extraordinaire, qui tomba peu à peu après la mort de Chateaubriand, mais surtout parce qu'il était relayé et remplacé par les *Mémoires* »[1]. MONTHERLANT ne remarquait-il pas récemment : « On entend dire que la *Vie de Rancé* est le seul écrit de Chateaubriand aujourd'hui lisible, avec les *Mémoires*. Cela est vrai, non sans excès, en tout cas il y faut un commentaire »[2]... Le sentiment de FRANÇOIS MAURIAC n'était pas différent, qui lui faisait écrire en 1948 : « Ce Chateaubriand que j'ai tant aimé dans ma jeunesse, s'il m'agrée moins aujourd'hui, c'est que ce qui m'attache désormais à un écrivain, à un artiste, c'est le pouvoir qu'il a de dépasser, de déboucher hors de ce cachot de la personnalité littéraire. Nul plus que moi ne fut charmé, quand j'avais l'âge de François-René à Combourg, par les premiers accords des *Mémoires d'outre-tombe*. A seize ans, René et sa sœur passionnée furent mes ombres familières ; et aujourd'hui encore la *Vie de Rancé* soutient d'un accompagnement sourd mes rêveries de l'ombre commençante »[3].

Le bicentenaire de la naissance de Chateaubriand, en 1968, n'a guère ramené *René* en pleine lumière. Au moins s'est-il trouvé un critique pour affirmer et définir, avec finesse et éclat tout à la fois, son « éternelle jeunesse » : il est essentiel, écrivait CHRISTIAN DEDET[4], de marquer « la distance qui sépare René d'un romantisme d'Enfant-du-siècle. [...] Rien de commun avec la postérité larmoyante de Musset ! [...] Ne confondons pas le pessimisme des forts avec les bêlements des êtres indécis. [...] *René*, c'est autre chose ». Après avoir cité Jouhandeau (« la grandeur de Chateaubriand, c'est de ne pas ignorer qu'il y avait déjà de son temps quelque chose de périmé dans les valeurs spirituelles »), l'auteur observait que, « acceptant le monde tel qu'il est, s'acceptant lui-même, René accepte du même coup de disparaître. Mais s'il se rêve mort et joue parfois à lâcher les joncs de la rive, ce n'est jamais avec rancune. Il sait que désormais toute aventure ne peut être pour lui qu'unique, solitaire, souterraine. Et si le jour n'était qu'une illusion ? Si le sens des choses se situait en deçà de leur écorce, ou au-delà d'elles-mêmes ? [...] René, c'est la pureté à l'état brut ; l'éternelle jeunesse confrontée au néant, et qui se cabre. Demain, de Baudelaire aux surréalistes, d'autres chercheurs d'éternité reconnaîtront ce frère nostalgique. [...] En lui le sens moderne de la destinée se précise et va se formuler ». La mélancolie

1. *Histoire de la littérature française de 1789 à nos jours* (Paris, Stock, 1936), p. 32. — 2. Henry de Montherlant, « Le Crépuscule d'un génie », article sur la *Vie de Rancé*, paru dans *les Nouvelles littéraires* du 23 janvier 1969. — 3. François Mauriac, « Chateaubriand et nous », *le Figaro littéraire* du 19 juin 1948. — 4. « L'éternelle jeunesse de René », article paru dans le numéro spécial de *la Table ronde*, « Actualité de Chateaubriand » (n° 241, février 1968).

de Saint-Preux et de Des Grieux était guérissable ; « René, lui, peut bien sonder son cœur et se demander ce qu'il désire : en vain. "Je cherche seulement un bien inconnu dont l'instinct me poursuit." Il est évident que le monde ne lui dit rien, qu'il ne l'entend même pas. [...] Premier héros des temps modernes, René vit le drame de l'incommunicabilité entre les êtres. Il est le premier de nos désespérés. » Et Christian Dedet situait enfin la peinture de l'amour telle que nous l'offre le petit roman de 1802 : « La liberté onirique avec laquelle Chateaubriand dépeint l'éveil des sens est exemplaire. Je m'étonne qu'on n'ait jamais songé à mettre ces textes au regard d'autres textes où s'exprime et culmine l'orphisme érotique : Hölderlin, Baudelaire, Nerval, Claudel. Bien des pages de *René* me semblent indispensables à qui voudrait dresser la carte de l'incomplétude. Il est vrai que la situation incestueuse de René se trouve dissimulée sous un magma de phantasmes qui tout à la fois la banalisent et la protègent de ses propres feux. Mais Amélie est une énigme de la femme tout comme René s'éprouve "manque" dans le grand printemps du monde. La figure de l'Autre, complétude de tout sentiment érotique, y est le plus proche qu'il se peut du héros qui la conçoit : c'est la figure de la Sœur. La Sœur, mystère d'identité, premier cri du face à face amoureux. »

Quant aux récents éditeurs du roman, dans leurs introductions à *René*, ils insistent tous, comme il est naturel, sur la valeur pérenne de son exploration psychologique et dépassent ainsi une admiration purement historique.

Fernand Letessier : « Plus que l'invention de l'intrigue, c'est l'analyse du psychologue et le travail du styliste qui font la valeur de *René* et expliquent sa durable réussite. Quel moraliste en effet avait jamais sondé avec tant de lucidité les abîmes de la désespérance ? Depuis le *Livre de Job*, qui donc avait dit d'une manière aussi poignante le néant de la créature humaine réduite à sa seule humanité ? Et, de 1802 à nos jours, si l'on excepte les meilleures pages des *Mémoires d'outre-tombe*, la littérature n'a pas exploré plus avant les incertitudes du cœur : romantiques, naturalistes, existentialistes ont composé des œuvres plus longues, plus lourdes et plus verbeuses que *René*. Ils n'ont rien produit qui aille plus loin. Ni surtout rien qui soit plus beau. Car, au point de vue de l'art et de la forme, le petit récit chateaubrianesque conserve le premier rang. Poème en prose comme *Atala*, il est moins chargé qu'elle ; son exotisme n'est pas aussi éclatant et sa langue est moins riche en expressions imitées des Sauvages. Mais, dans sa simplicité magnifique et avec une discrétion digne des classiques pour traduire tout ce que le sujet comporte d'audacieux, l'ensemble garde d'une façon soutenue l'harmonie émouvante d'un chant désespéré [1]. »

---

1. Édition citée (1958), p. XLIV-XLV.

MAURICE REGARD : « Révolte contre la condition humaine et la société, vanité du savoir et des civilisations, désespérance du voyage, tentation du suicide, impatience de la mort et du néant, dont la tempête d'automne apporte l'instant désir : déjà s'orchestrent somptueusement les grands thèmes d'un romantisme vieux comme la Bible, non seulement celui de Lamartine, mais aussi celui de Baudelaire et de Lautréamont. Jamais le mot de Diderot sur la puissance créatrice des époques troublées n'a trouvé plus heureuse illustration. *René* est bien le poème d'une génération de ruines, écrit au lendemain d'une révolution, quand le sentiment de l'existence se confond avec le désespoir de vivre et l'effritement des choses [1]. »

1. Édition citée (1969), p. 106.

SUJETS DE TRAVAUX

1   Quelles conclusions peut-on déduire, quant à l'art et aux intentions de Chateaubriand, d'une confrontation rigoureuse de *René* avec la vie réelle de son auteur, telle que l'établissent ses biographes ou telle qu'il nous la raconte lui-même dans les premiers livres des *Mémoires d'outre-tombe* ?

2   Complaisance et sincérité dans le personnage de René.

3   Le mal de René, a écrit un critique (Gilbert Chinard, introduction à son édition d'*Atala* et *René*, 1930), « c'est à proprement parler le mal de la civilisation, et d'une civilisation vieillie, où les ressorts de la volonté se sont affaiblis, où l'on a fait le tour de tous les systèmes, où l'on est revenu de toutes les illusions généreuses — où l'on se trouve, pour employer une formule cartésienne, "sans maximes d'action" ». Que pensez-vous de cette façon de situer l'histoire de René dans le cadre d'une crise générale de la cilivisation ? Comment la situeriez-vous par rapport à la présente « crise de la jeunesse »?...

4   Ascendance et postérité de René : situation du héros de Chateaubriand par rapport à Saint-Preux, Werther, Obermann, Adolphe, Chatterton, Lorenzaccio, Antony...

5   Analogies et différences des conceptions de la rêverie chez Rousseau, Chateaubriand et Hugo.

6   Place et valeur des descriptions de la nature dans *René*.

7   On a souvent cité l'opinion de l'essayiste et poète Chênedollé (1769-1833) — lequel fut fort épris de Lucile en 1802-1803 — suivant laquelle « Chateaubriand est le seul écrivain en prose qui donne la sensation du vers : d'autres ont un sentiment exquis de l'harmonie, mais c'est une harmonie oratoire ; lui seul a une harmonie de poésie ». Commentez ce jugement en vous fondant sur l'analyse précise de telles ou telles pages de *René*.

8   Le sens du tableau dans *René*.

9   Présence et images de la mort dans *René*.

10 En 1802, le monde occidental sort des décombres de la Révolution :
« Voici Chateaubriand à l'orée d'une prodigieuse aventure. Dans
la mesure où René "crée de la crise", le vague des passions semble
annoncer en lui une morale de la qualité. Le premier de son temps,
Chateaubriand aura tenté un courageux effort pour rompre avec
le goût des ruines et du malheur. Il me semble même que le ferment
de cette renaissance gît, dès *René*, dans les belles périodes où
son désarroi métaphysique vient de s'exprimer. » (Christian
Dedet, article cité, p. 36-37). Estimez-vous que tel a bien été
l'aspect positif de *René*, dans l'évolution spirituelle de Chateaubriand, et aux yeux des générations successives de ses lecteurs ?

TABLE DES MATIÈRES

Imprimerie Berger-Levrault, Nancy — 776286-10-88.
Dépôt légal : octobre 1988 — Dépôt légal 1re édition : 1970
Imprimé en France